# Alexander Schneider

# Perspektiven und Herausforderungen eines EU-Beitritts der Ukraine

## Politische Implikationen versus ökonomische Transformationsprozesse postsowjetischer Staaten

I

**Impressum:**

Copyright © Studylab 2019

Ein Imprint der GRIN Publishing GmbH, München

Druck und Bindung: Books on Demand GmbH, Norderstedt, Germany

Coverbild: GRIN Publishing GmbH | Freepik.com | Flaticon.com | ei8htz

# Inhaltsverzeichnis

# 1. Vorwort

Nach einer spannenden und lehrreichen Studienzeit in Passau steht nun die letzte Hürde vor meinem ersten Hochschulabschluss bevor – die vorliegende Bachelorarbeit zum Thema der Perspektiven eines EU-Beitritts am Beispiel der Ukraine.

Diese Bachelorthesis habe ich als Abschlussarbeit meines Studiums der Staatswissenschaften am Lehrstuhl für Politikwissenschaft (Prof. Winand Gellner) der Universität Passau verfasst und beschäftigte mich intensiv mit der Recherche sowie dem Schreiben von Januar bis März 2019.

Das zu bearbeitende Thema hat mir hochinteressante und fundierte Einblicke einerseits in die vielseitige Kultur und Geschichte meines Geburtslandes gewährt, andererseits gab es mir zudem die Möglichkeit, Methoden zur Recherche und Analyse mir bis dahin unerschlossener Bereiche der Wissenschaft anzueignen.

In diesem Sinne möchte ich meiner gesamten Familie einen großen Dank für ihr hohes Engagement und ihren verständnisvollen Umgang in all meinen Lebenslagen, sei es in materieller, vielmehr jedoch in moralischer Hinsicht aussprechen. Gerade dank ihres unermüdlichen Einsatzes für mich habe ich nun den ersten wissenschaftlichen Olymp bezwungen und werde ebenso tapfer kommende Herausforderungen meistern.

Schließlich bedanke ich mich auch herzlichst bei meinem Betreuer Dr. Emil Popov für das ausgesprochen warme und zuvorkommende Verhältnis, im Laufe des Verfassens dieser Arbeit wie auch in universitären Veranstaltungen hat er mich stets begleitet und unterstützt.

Ich wünsche Ihnen allen viel Freude beim Lesen dieser Bachelorarbeit.

Alexander Schneider

Passau, den 31. März 2019

## 2. Einleitung

Die bevorstehenden Präsidentschaftswahlen in der Ukraine am 31. März 2019, deren Ausgang den ersten Prognosen zufolge nach einer knappen Stichwahl feststehen wird, stellen zweifellos regional wie auch gesamteuropäisch eine historisch bedeutende Zäsur dar. Das recht junge Land wird sich richtungsweisend verändern und gleichsam auch die zukünftige Ausrichtung Europas beeinflussen. Angesichts der dort einschneidenden Ereignisse der letzten Jahre, wie die völkerrechtswidrige Annexion der Krim sowie die andauernden Kriegshandlungen zwischen ukrainischen Militärgruppen und prorussischen Separatisten in der Ostukraine, wird das Land seine langfristige Handlungsfähigkeit gerade jetzt unter Beweis stellen müssen.

Bisweilen ist dabei der außenpolitische Kurs der Ukraine seit den Ereignissen am Euromaidan und spätestens seit Inkrafttreten des Assoziierungsabkommens mit der Europäischen Union jedoch mehrheitlich in Richtung EU, Westen und weitestgehend auch NATO gerichtet.

Erst kürzlich verkündete der amtierende Präsident Petro Poroschenko auf dem Kiewer Forum „Von Kruty bis Brüssel – Wir gehen unseren Weg" am 29. Januar 2019 voller Stolz, die Ukraine werde schon zum Jahr 2024 einen Beitritt an die Europäische Union ersuchen und sich geopolitisch in Richtung NATO aufstellen.[1]

Aufgrund der historischen Relevanz sowie eines persönlichen Bezugs des Autors zum Thema wird im Rahmen dieser Bachelorarbeit folglich zur Disposition gestellt, welche Chancen und Risiken ein möglicher Beitritt der Ukraine zur Europäischen Union unter Berücksichtigung beidseitiger Interessen zur Folge hätte.

Dabei wird dem Leser zunächst ein Einblick in die facettenreichen Hintergründe dieser historischen Grenzregion gewährt und damit auch auf erste Problemursachen eingegangen. Den theoretischen Rahmen dieser Arbeit bildet im nächsten Kapitel die Theorie der Systemtransformation, die sich mit verschiedenen Phasen von Systemwechseln sowie deren soziopolitischen Prozessen auseinandersetzt. In diesem Kontext wird ebenso bewertet, wie sich der seit dem Zusammenbruch der Sowjetunion ablaufende Transformationsprozess in der Ukraine entwickelt hat und in welcher Phase er sich heutzutage befindet.

---

[1]  vgl. TSN – Televizijna sluzhba novyn (2019)

Der Schwerpunkt dieser Bachelorarbeit umfasst folglich eine mehrteilige Analyse über die möglichen Implikationen eines Beitritts der Ukraine zur Europäischen Union. Dabei werden zunächst die einzelnen geschichtlichen Abläufe des Verhältnisses EU – Ukraine skizziert, gefolgt von einer umfassenden kritischen Gegenüberstellung möglicher Vor- und Nachteile.

Ferner wird dabei auch die öffentliche Meinung der Ukrainer zur Europäischen Union in Betracht gezogen.

Schließlich werden die daraus erzielten Ergebnisse mit einer kurzen Prognose über mittel- und langfristige Entwicklungsszenarien des Landes abgerundet.

## 3. Die Ukraine – ein junges europäisches Land als historisch gewachsene Trennlinie zwischen Ost und West

In diesem Kapitel werden unterschiedliche historische Narrative beleuchtet, die
für ein fundiertes Verständnis über die Zusammenhänge der heutigen Ukraine von
großer Bedeutung sind. Dabei zeigt die folgende Abbildung den stetigen Wandel
von Herrschaftsgebieten sowie das einhergehende Problem der zeitlichen, räumli-
chen und ethnischen Eingrenzung der Ukraine.[2]

---

[2]   vgl. Ursprung, D. (2017): Erinnerungslandschaft Ukraine

# Erinnerungslandschaft Ukraine
## Historische Regionen der Ukraine

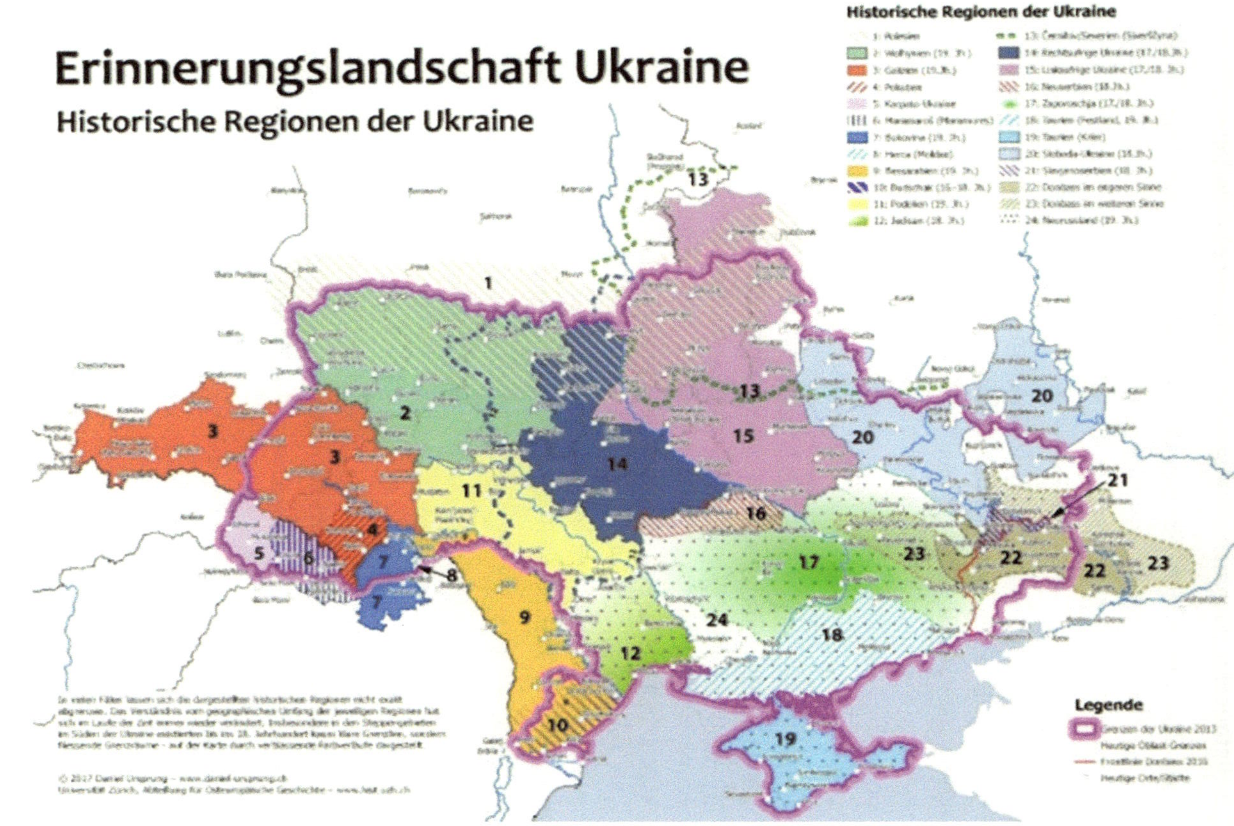



In vielen Fällen lassen sich die dargestellten historischen Regionen nicht exakt abgrenzen. Das Verständnis vom geographischen Umfang der jeweiligen Regionen hat sich im Laufe der Zeit immer wieder verändert. Insbesondere in den Steppengebieten im Süden der Ukraine existierten bis ins 18. Jahrhundert kaum klare Grenzlinien, sondern fliessende Grenzsäume – auf der Karte durch verblassende Farbverläufe dargestellt.

© 2017 Daniel Ursprung – www.daniel-ursprung.ch
Universität Zürich, Abteilung für Osteuropäische Geschichte – www.hist.uzh.ch

## 3.1 Historische, geographische und kulturelle Gegebenheiten

Bis zur Erlangung ihrer Unabhängigkeit im Jahre 1991 war das Territorium der heutigen Ukraine lange ein Bestandteil von mindestens 14 verschiedenen Staaten, darunter zählten das Königreich Polen-Litauen, das Russische Reich, die österreichisch-ungarische Habsburgermonarchie sowie die Sowjetunion.

Die historische Region **Ukrajina/Krajina** bezeichnete dabei ursprünglich das Grenzgebiet beziehungsweise die „Trennlinie zwischen den sesshaften [im Nordwesten] und nomadischen [im Süden] Zivilisationen" [3] – auch Steppenvölker genannt – die das Land bereits in der Antike bei ihren Wanderungsbewegungen aus Asien nach Europa überschritten. Gleichzeitig legten noch vor ihnen an den Ufern des Schwarzen Meeres Römer, Skythen und Griechen ihre Kolonien an.

Im Gebiet oberhalb der Steppe gründeten im späten 9. Jahrhundert normannische Krieger und Kaufleute einen Herrschaftsverband mit Kiew als Hauptstadt, den sie nach ihrer eigenen Bezeichnung Rus nannten. Von diesem Standort aus pflegten sie zentrale Handelsbeziehungen zu nord-, mittel- und westeuropäischen Ländern und vergrößerten dadurch auch ihre Territorien; die Fürsten, die damals über das Gebiet walteten, gehörten ebenso zur Familie der europäischen Könige. Diese **Kiewer Rus** umfasste dabei die wichtigsten Gebiete der heutigen Staaten Ukraine, Russland und Weißrussland (Belarus), deren Entstehung zum Gründungsmythos für alle drei Staaten geworden ist.

Nach dem Einfall der Goldenen Horde (auch: Mongolisch-tatarisches Joch) in der Mitte des 13. Jahrhunderts zerfiel jedoch das Reich in seine ethnischen Gruppen und wurde als Folge dessen zum Untertan fremder Herrscher; die Russen verblieben bei den Mongolen, wohingegen Ukrainer und Weißrussen den frühen Monarchien **Polen und Litauen** einverleibt wurden. Das Erbe dieser Rus traten somit vorerst die Großfürsten von Litauen an, bis im 14. Jahrhundert die westliche Region Galizien und zwei Jahrhunderte später auch die ganze Ukraine (gemeint ist das damalige Gebiet) in das Königreich Polen eingegliedert und damit über vier Jahrhunderte starken „westlichen, über Polen vermittelten Einflüssen" [4] ausgesetzt wurden. [5]

---

[3]    Kappeler, A. (2015, 2): Geschichte der Ukraine, S. 17

[4]    Kappeler, A. (2015, 1): Die Ukraine – ein Land zwischen West und Ost, S. 4

[5]    vgl. Kappeler (2015, 1): Die Ukraine – ein Land zwischen West und Ost, S. 3 ff.

Parallel dazu formierten sich in den Anfängen des 16. Jahrhunderts an der Grenze zur Steppe und an den nahegelegenen Flüssen Dnjepr & Don – vor allem jenseits der Stromschnellen[6] – sogenannte **Kosakenheere**, die sich hauptsächlich aus entlaufenen Bauern und Stadtbewohnern zusammensetzten. Diese kriegerischen Verbände (unter anderem die Saporoscher Kosaken, deren Name sich von ihrer Umgebung ableitet) organisierten sich frei von staatlichen Adelsstrukturen und errichteten eine unabhängige militärische Ordnung mit einem starken Anführer, dem Hetman.

Im Jahre **1648** kam es schließlich zu einem **Kosakenaufstand** gegen die jahrhundertelange polnische Herrschaft unter Hetman Bohdan Chmelnyzkyj, welcher zwar zur Befreiung nahezu der gesamten Ukraine vom polnischen Adel führte, gleichzeitig jedoch mit der Vertreibung oder gar Tötung der dort ansässigen Polen und Juden einherging. Militärische Unterstützung bekamen sie dabei vom Moskauer Zaren, der sie deshalb im Jahre 1654 unter seinen Schutz stellte und den Kosaken damit erstmals zu einem faktisch unabhängigen Staat mit einer militärischen Verwaltung „nach kosakischem Vorbild"[7] verhalf.

Dieser **Vertrag von Perejaslaw** wurde von den Ukrainern allerdings eher als zeitlich begrenzte Allianz gesehen, wohingegen der damalige russische Zar Alexei I. darunter eine langfristige „Unterwerfung unter seine Herrschaft"[8] manifestieren und an eine gemeinsame Rückkehr zu den Grenzen der Kiewer Rus anknüpfen wollte.

Nach einem längeren Krieg zwischen dem Zarentum und Polen-Litauen (1654-1667) teilte man sich schließlich die Ukraine: das Hetmanat linksufrig des Dnjepr mit Kiew sowie die Sloboda-Ukraine (um Charkiv) gingen unter russische Herrschaft, die rechtsufrige Ukraine verblieb bei Polen.

Ein weiterer Versuch des Kampfes für die territoriale Unabhängigkeit der Ukrainer unter Hetman Iwan Masepa und seines verbündeten schwedischen Königs Karl XII. scheiterte ebenso vergeblich in der **Schlacht von Poltawa** um **1709**, führte zu stetigen Autonomieverlusten und markierte unter Zarin Katharina II. somit das Ende des politischen Wirkens der ukrainischen Kosaken.[9]

---

6    Aus dem Altslawischen: jenseits „za" – Stromschnellen „porohy"

7    Kappeler, A. (2015, 1): Die Ukraine – ein Land zwischen West und Ost, S. 5

8    Kappeler, A. (2015, 1): Die Ukraine – ein Land zwischen West und Ost, S. 5

9    vgl. Kappeler, A. (2015, 2): Geschichte der Ukraine, S. 89 ff.

Durch das weitere Erstarken des Russischen Reiches und die mehreren Teilungen der polnisch-litauischen Dynastie fielen im 18. Jahrhundert zusätzlich auch die westlichen Gebiete des ursprünglichen Hetmanats (Podolien & Wolhynien) wieder unter russisches Gebiet, während die Region Galizien (mit Lwiw) an die österreichisch-ungarische Monarchie kam.

Zur gleichen Zeit eroberte das Zarenreich nach mehreren Kriegen gegen das Osmanische Reich auch die Steppengebiete nördlich des Schwarzen Meeres wie auch die **Krim-Halbinsel** und gliederte sie in ihren Herrschaftsbereich ein – amtlich als Neurussland genannt; heute bekannt als die Südukraine. Zum damaligen Zeitpunkt war das erst kürzlich eingenommene Gebiet kaum bewohnt und wurde allmählich erst von deutschen, rumänischen und auch südslawischen Kolonisten besiedelt.

Das östliche und südöstliche Gebiet der heutigen Ukraine wurde schließlich erst mit der **industriellen Revolution** sowie durch Reformierungspläne im späten 19. Jahrhundert erschlossen, da sich dort reichliche Steinkohle- und Eisenerzvorkommen, vor allem im Donez-Becken, vorfanden und auf lange Sicht einen vielschichtigen Zuzug russischer Arbeiter verursachten.[10]

Hierbei sollte kurz angemerkt werden, dass sich diese Modernisierungswellen bisweilen größtenteils ohne Ukrainer vollzogen, die zu der damaligen Zeit überwiegend als arme, analphabete Bauern lebten; eine Volkszählung von 1897 bestätigt den relativ geringen Anteil an Ukrainern in den Großstädten: Charkiw – 26 %, Kiew – 22 % und Odessa – 9 %. Im Hinblick auf diese Zahlen lassen sich unter anderem auch Parallelen zu den jetzigen demographischen Unterschieden und damit einhergehend den politischen Einstellungen zwischen den Regionen ziehen.

Durch die Reformierungen des 19. Jahrhunderts kamen auf dem gesamten Gebiet des Zarenreiches allmählich auch oppositionelle Bewegungen liberaler wie auch sozialistischer Natur zum Vorschein, die zwar zur Einführung einer Verfassung, regionaler Parlamente und Parteien führten, jedoch das strenge Machtmonopol des Zaren aufrechterhielten und keineswegs das zukünftige Bild einer unabhängigen Ukraine zuließen; im Gegensatz zum damals österreichisch kontrollierten Galizien, in der die Ukrainer (dortige Bezeichnung: Ruthenen) sehr wohl als eigenständige Nation anerkannt und Sprache, Kultur sowie politische Selbstbestimmung zu einem bestimmten Maße gewährt wurden.[11]

---

10  Kappeler, A. (2015, 2): Geschichte der Ukraine, S. 89 ff.
11  vgl. Kappeler, A. (2015, 1): Die Ukraine – ein Land zwischen West und Ost, S. 6

Nach Ausbruch des **Ersten Weltkriegs 1914** standen sich somit ukrainische Soldaten in den Heeren Österreich-Ungarns sowie Russlands gegenüber, unter anderem auch mit der erneuten Hoffnung, gegen Loyalität zur Kriegspartei ein unabhängiges Staatsgebiet zu erringen. Dieser Krieg brachte schließlich den Zusammenbruch der beiden Imperien und den Fall des Zarenregimes, dessen Folgen bereits im Laufe des Krieges in den Regionen zu einem gewissen Machtvakuum führten, sodass sich alsbald Kiewer Intellektuelle und bereits formierte Gruppierungen aus Galizien zusammenschlossen und am 12. Januar 1918 die **Ukrainische Volksrepublik** ausriefen. Wenige Wochen nach Ausrufung dieses Staates besetzten wiederum deutsche und österreichisch-ungarische Armeen kurzzeitig erneut die Ukraine, zogen sich jedoch nach dem Frieden von Brest-Litowsk 1918 zurück. In den stetigen Nachkriegswirren okkupierte im selben Atemzug allerdings auch noch die polnische Armee das gerade erst unabhängig gewordene Galizien, rumänische Truppen die Bukowina und tschechoslowakische Einheiten auch die Karpaten-Ukraine. Der überwiegende Rest der Ukraine wurde erwartungsgemäß von der Roten Armee eingenommen und in den Verband der **UdSSR** eingegliedert.[12]

Einerseits war die erste Zeit im Verbund der Sowjetunion mit einer raschen Entwicklung des Landes sowie der Anerkennung der Ukrainer als eigenständige Nation verbunden, jedoch wandelte sich dieser Zustand rasch unter Machthaber Stalin ab Mitte der 1920-er Jahre mit einer stärkeren Kontrolle der Republiken, politisch motivierten „Säuberungen", einer künstlich herbeigeführten Hungersnot (dem „Holodomor") sowie dem „Großen Terror", worunter Millionen von Ukrainern (und auch anderen Völkern) zu leiden hatten. Abseits von der angehenden Sowjetisierung in der zentralen und östlichen Ukraine bildeten sich im westlichen Teil – zunächst im Untergrund – nationalistische Gruppierungen, die vom Politiker und Partisanenführer **Stepan Bandera** angeführt wurden und Sabotageaktionen wie auch Pogrome an der lokalen Bevölkerung verübten. Während das russische wie auch polnische Narrativ ihn und seine Gefolgschaft als brutale Kriegsverbrecher und Nazi-Kollaborateure sehen, wird er des Öfteren von der ukrainischen Öffentlichkeit als „Held der Ukraine" und Kämpfer für die Unabhängigkeit der Ukrainer gesehen.[13]

---

[12]  vgl. Kappeler, A. (2015, 2): Geschichte der Ukraine, S. 165 ff.
[13]  vgl. Kappeler, A. (2015, 1): Die Ukraine – ein Land zwischen West und Ost, S. 12 ff.

Im **Zweiten Weltkrieg** war die Ukraine seit den ersten Kriegsstunden ein Hauptschauplatz der Gefechte und begangenen Verbrechen, denen ungefähr 7 Millionen Ukrainer, zum damaligen Zeitpunkt mehr als ein Fünftel der gesamten Bevölkerung sowie zahlreiche Minderheiten zum Opfer fielen und die am Ende verwüstete, nahezu zerstörte Städte hinterließen. Auch hier beteiligten sich zwar nationalistische ukrainische Verbände wie die OUN[14] mit ihrem militanten Arm UPA[15], jedoch kämpften ukrainische Truppen mit überwältigender Mehrheit loyal auf Seiten der Roten Armee.

In diesem Kontext sollte allerdings auch der **Hitler-Stalin-Pakt** angeführt werden, der zwar in der offiziellen Fassung den Nichtangriff der beiden Nationen Deutschland und Sowjetunion dokumentierte, jedoch im geheimen Zusatzprotokoll festschrieb, dass unter anderem die baltischen Gebiete wie auch Polen unter den beiden Interessenssphären aufgeteilt werden. So wurden gegen Kriegsende Galizien und weitere angrenzende Gebiete in die Ukrainische SSR eingegliedert und in das sowjetische System integriert.[16]

Nach Beendigung des Krieges und dem später folgenden Tod Stalins 1953 erfolgte unter Generalsekretär Chruschtschow allmählich eine Politik der Entstalinisierung, der Ausweitung kultureller, sprachlicher und auch politischer Freiheiten und ein allgemeiner Anstieg des Lebensstandards.

Im Jahre **1954** – anlässlich des **300-jährigen Jubiläums** des Vertrags von Perejaslaw – erhielt die Ukraine als Geschenk für die „Wiedervereinigung [...] mit Russland"[17] einen weiteren territorialen Zugewinn – die Halbinsel Krim, der von offizieller Seite zwar als ideologische Geste gepriesen wurde, jedoch laut Sergej Chruschtschow, dem Sohn des damaligen Generalsekretärs, aus rein ökonomischen Gründen erfolgte.[18]

In den nächsten Jahrzehnten wuchs die Republik zu einem bedeutenden Teil der Sowjetunion auf und erlebte durch den Wiederaufbau der Industrie wie auch der Landwirtschaft eine rasche Entwicklung. Dabei handelte die ukrainische Parteielite mit dem stetigen Fokus auf das Zentrale Politbüro in Moskau und war in seiner

---

14  OUN – Organisation Ukrainischer Nationalisten

15  UPA – Ukrayinska Povstancheska Armija (ukr. Ukrainische Aufstandsarmee)

16  vgl. Kappeler, A. (2015, 2): Geschichte der Ukraine, S. 215 ff.

17  Kappeler, A. (2015, 2): Geschichte der Ukraine, S. 232

18  Die Welt – Onlineausgabe: War der Dnjepr-Kanal der Grund? (2014)

Handlungsfähigkeit größtenteils von ihm abhängig; erst mit den liberalisierenden Reformen **Glasnost** (Offenheit) und **Perestroika** (Umbau) von Michail Gorbatschow ab 1985 und dem daraus erfolgten Zerfall des gesamten sozialistischen Systems traten oppositionelle Bewegungen an die Öffentlichkeit, schlossen sich in der Volksbewegung „Ruch"[19] unter späterer Führung des ersten Präsidenten der Ukraine Leonid Krawtschuk zusammen und führten die Ukraine schließlich nach zahlreichen Schlüsselereignissen (Reaktorunglück in Tschernobyl 1986, Arbeiteraufstand im Donbass 1989, Augustputsch in Moskau 1991) zur historischen Erlangung ihrer Unabhängigkeit am 24. August 1991.[20]

### 3.1.1. Zwischenfazit

Man kann durchaus feststellen, dass die ukrainische Geschichte – entgegen vieler Stimmen vonseiten einer nicht zu unterschätzenden ukrainischen Öffentlichkeit – seit jeher sehr eng mit der russischen verflochten ist und beide Völker ähnliche Schicksale und Entwicklungen zu bewältigen hatten, angefangen bei der Kiewer Rus über die Russisch-Polnischen Kriege bis hin zu den Epochen der Weltkriege und der Zeit in der Sowjetunion.

Die territorialen Zugewinne der letzten Jahrhunderte, die die heutigen Grenzen der Ukraine ausmachen wie auch das gemeinsame kulturelle Erbe sind zu einem gewissen Teil auch eine Leistung des Narrativs der „allrussischen"[21] orthodoxen Nation, das in den jeweiligen Ländern Russland und Ukraine bisweilen ambivalent wahrgenommen wird.

## 3.2 Die Entwicklung seit 1991

Seit ihrer erlangten Souveränität wurde die Ukraine mit den plötzlichen Folgen eines gesellschaftlichen Umbaus konfrontiert, denn das Land stand nun vor der Herausforderung, einerseits nachhaltige demokratische Strukturen aufzubauen, andererseits musste das lange Zeit vorherrschende marode System der sowjetischen Zentralverwaltungswirtschaft von nun an in eine funktionierende Wirtschaftsordnung mit marktwirtschaftlichen Prinzipien umgebaut werden. Gleichzeitig hatte es

---

[19] Narodnyj Ruch Ukrajiny – Volksbewegung der Ukraine
[20] vgl. Kappeler, A. (2015, 2): Geschichte der Ukraine, S. 247 ff.
[21] Kappeler, A. (2015, 2): Geschichte der Ukraine, S. 23

fortan seinen politischen Kurs gegenüber Russland sowie dem Westen neu auszurichten.

In den ersten Jahren der ukrainischen Unabhängigkeit war die politische Landschaft des Landes noch immer sehr stark von alten Führungskadern der politischen und wirtschaftlichen Elite aus der Sowjetzeit geprägt. Der erste frei gewählte Präsident der Ukraine und ehemals hohe Parteifunktionär **Leonid Krawtschuk** passte sich dabei rasch vom einstigen kommunistischen Ideologen zum „Vertreter der nationalen Interessen"[22] an und ließ sich ein Jahr später bereits Sondervollmachten erteilen, um seinen autoritären Führungsstil abzusichern. Die dringend benötigten sozioökonomischen Reformen blieben allerdings unter seiner anfänglichen Rolle als Staatsoberhaupt eher schwach und gingen vielmehr durch den 1992 von ihm ernannten Ministerpräsidenten Leonid Kutschma aus. Kutschma hatte als ehemaliger Direktor des größten sowjetischen Rüstungskonzerns Juzhmash[23] in Dnipropetrowsk gearbeitet und konnte nun seine Erfahrungen zum Reformprozess beisteuern, jedoch trat er bereits ein Jahr später zurück und die gesamte Regierungsgewalt wurde vorerst wieder von Krawtschuk übernommen.

Dazu kamen noch die uneindeutigen Verteilungen im Parlament sowie ein ineffizientes Wahlrecht, welche in den Wahlen 1990 als auch 1994 einerseits eine Mischung aus (Alt-) Kommunisten, Sozialisten, Oppositionellen und mehr als 50% Unabhängigen, die ausschließlich Partikularinteressen vertraten, sowie mehrerer Wiederholungen lokaler Wahlen zur Erreichung des Quorums zur Folge hatten. [24]

In der kommenden **Präsidentenwahl 1994** konnte sich – besonders durch die starke Unterstützung aus den südöstlichen Regionen – **Leonid Kutschma** in der Stichwahl mit Krawtschuk durchsetzen. In ihm sah ein Großteil der Wählerschaft einen Ausweg aus der noch immer andauernden Wirtschaftskrise, eine Stabilisierung des politischen Systems sowie eine allgemeine Verbesserung des Verhältnisses zu Russland.

Obwohl seine anfänglichen Reformen wie auch die „multivektorale"[25] Außenpolitik eine allmähliche Stabilisierung der schwierigen Lage zeigten, waren die innenpolitischen Auseinandersetzungen zwischen dem Präsidenten und dem Parlament ein

---

[22]  Kappeler, A. (2015, 1): Die Ukraine – ein Land zwischen West und Ost, S. 17

[23]  Juzhnyj mashinostroitel'nyj zavod – ukr. Südlicher Maschinenbaubetrieb

[24]  vgl. Kappeler, A. (2015, 1): Die Ukraine – ein Land zwischen West und Ost, S. 17 ff.

[25]  vgl. Kappeler, A. (2015, 1): Die Ukraine – ein Land zwischen West und Ost, S. 17

hindernder Faktor für die Entwicklung; diese einzelnen Machtkämpfe führten in der Wahlperiode Kutschmas 1994-2004 zu sechs Wechseln des Ministerpräsidenten, darunter Viktor Juschtschenko (1999-2001) und Wiktor Janukowitsch (2002-2004), die allesamt zum sogenannten ihm eng verbundenen **Clan von Dnipropetrowsk** gehörten und primär ihre individuellen Interessen in den Vordergrund stellten.[2627]

Nach seiner Wiederwahl 1999 weitete Kutschma seinen Machtbereich kontinuierlich aus und verlängerte zusätzlich seine Kompetenzen bis hin zu Regionalverwaltungen und dem Sicherheitsapparat und setzte damit wiederum den beginnenden Kurs der 1990er Jahre fort. In diesem historischen Kontext sollte auch erwähnt werden, dass hinter diesen innerpolitischen Konflikten auch ein Kampf um die wirtschaftliche und politische Hoheit zwischen den regionalen Seilschaften der erwähnten Donezker und Dnipropetrowsker Clans geführt wurde, der durch die Wirren der Transformation und der damit verbundenen schwach formulierten Rechtslage zum Aufkommen sogenannter **Oligarchen** verholfen konnte. Diese neu entstandene Elite konnte durch geschickte Schlupflöcher des noch instabilen Systems ehemals staatliche Industriebetriebe weit unter dem Marktpreis privatisieren, sich dadurch weitere Industrieunternehmen, den Bankensektor und die Medien aneignen und damit einen steigenden Einfluss auf die politische Führung ausüben – zunächst parteiunterstützend, später als Vorsitzender der eigenen Partei oder als Abgeordneter agierend.

Erst unter dem Druck ausländischer Regierungen ernannte Kutschma im Jahre 1999 den damaligen Präsidenten der Nationalbank Wiktor Juschtschenko zum Ministerpräsidenten. Er galt als ein reformfreundlicher Vertreter und leitete mit Unterstützung seiner Vize-Ministerpräsidentin Juliya Tymoschenko, einer Managerin aus Dnipropetrowsk, eine überraschende Wende in der ökonomischen Entwicklung des Landes ein. Unter dessen Führung wurde kurzer Zeit begonnen, gegen die jahrelangen illegalen Machenschaften von Behörden voranzugehen und unter anderem auch unrechtmäßig privatisierte Betriebe wie auch staatliche Besitztümer wieder zu nationalisieren. Jedoch traf er mit diesen Plänen auch trotz der positiven Wahrnehmung durch die Bevölkerung in den Reihen des Parlaments auf eher weniger Zustimmung und wurde schon bald gemeinsam mit seiner Kollegin

---

[26]  vgl. Kappeler, A. (2015, 1): Die Ukraine – ein Land zwischen West und Ost, S. 258 ff.
[27]  vgl. Kappeler, A. (2015, 2): Geschichte der Ukraine, S. 258 ff.

Tymoschenko 2001 entlassen. Da die **Parlamentswahlen** bereits **2002** bevorstanden, organisierten sich die beiden jeweils politisch mit ihren Anhängern. Wiktor Juschtschenko bildete den Wahlblock „Unsere Ukraine"[28], in den auch einige Oligarchen, wie der damalige Geschäftsführer der Investmentgesellschaft „Ukrprominvest" und amtierende Präsident der Ukraine Petro Poroschenko, eingebunden waren, wohingegen Juliya Tymoschenko in einer Koalition mit kleineren Parteien sowie ihrer eigenen Partei „Vaterland"[29] im Block BJUT[30] antrat. Die Gruppe um Kutschma herum organisierte sich im überwiegend von Oligarchen finanzierten Block „Für eine einheitliche Ukraine"[31]. Auch diese Wahlen brachten trotz eines abgeänderten Wahlsystems keine eindeutigen Resultate herbei, aus denen Juschtschenkos Block mit 24 %, die Kommunisten mit 20 %, der Block um Kutschma mit 12 % sowie Tymoschenko mit lediglich 7 % hervorgingen.[32][33]

Durch diese Sitzverteilung war das Parlament in seiner Handlungsfähigkeit stark eingeschränkt und konnte keine richtungsweisenden Reformen voranstoßen. Zusätzlich setzte Präsident Kutschma als Dank für die Unterstützung seiner Kampagne den Gouverneur der Region Donezk Wiktor Janukowytsch, eine Figur des dort entspringenden und ihn stützenden Clans, als Ministerpräsidenten ein, was zu einer noch größeren Missstimmung unter der Bevölkerung führte und ihren Höhepunkt bei den **Präsidentschaftswahlen 2004** fand.

Der amtierende Präsident Leonid Kutschma durfte gemäß der gültigen Verfassung nach den zwei Amtszeiten seit 1994 zu den im Herbst 2004 stattfindenden Präsidentschaftswahlen nicht mehr antreten und stellte seinen eingesetzten Ministerpräsidenten Wiktor Janukowytsch als russlandfreundlichen Nachfolger vor; sein Gegenkandidat und Vorgänger im Ministeramt Wiktor Juschtschenko hingegen stand für eine Westorientierung und demokratische Reformen.

Entgegen der Erwartungen der Wähler trat dabei zunächst Janukowytsch als Sieger hervor, jedoch wurden ihm unmittelbar nach Bekanntgabe des Wahlergebnisses vonseiten der Öffentlichkeit Wahlfälschungen vorgeworfen, die in einem landesweiten friedlichen Protest für rechtmäßige Wahlen und gegen die wachsende

---

28  ukr. Nasha Ukrajina

29  ukr. Bat'kivsh'ina

30  BJUT – Blok Julii Tymoschenko

31  ukr. Za Edynu Krajinu

32  gerundete Angaben

33  vgl. Kappeler, A. (2015, 2): Geschichte der Ukraine, S. 259 ff.

Korruption mündeten – der sogenannten **Orangen Revolution** – und folglich durch einen Beschluss des Obersten Gerichts in einer Wiederholung der Wahl resultierten. Die erneute Stichwahl entschied Juschtschenko schließlich für sich und wurde nach einer gemeinsamen Verfassungsreform ebenso vom Block Kutschma als rechtmäßiger Wahlsieger anerkannt. Diese Reform sollte das präsidiale System in ein parlamentarisches umwandeln und dadurch die Position des Präsidenten schwächen wie auch die stetigen Auseinandersetzungen zwischen Legislative und Exekutive verhindern, um die langersehnten und finanziell vom Internationalen Währungsfonds sowie der Weltbank unterstützten Entwicklungsprogramme durchzusetzen.[34]

Bereits kurze Zeit nach den Aufständen und dem Wahlausgang stand bereits der nächste innenpolitische Streit zwischen Juschtschenko und seiner beorderten Ministerpräsidentin Julija Tymoschenko bevor. Anstelle der dringend notwendigen Reformen wurden jahrelange Machtkämpfe zu den Ungunsten beider Parteien geführt, die das Land nur schleppend und weiterhin stagnierend voranbrachten. Für den gehinderten Fortschritt erhielten sie ihre Lektion dann bei den **Präsidentschaftswahlen** von **2010**, die der damalige Kandidat **Wiktor Janukowytsch** im zweiten Wahlgang als Hoffnungsträger der ost- und südukrainischen Wähler für eine Annäherung zu Russland knapp gegen die westukrainisch gerichtete Tymoschenko entscheiden konnte. Der neue Präsident weitete kurze Zeit später wieder seine Kompetenzen aus, trieb die Vetternwirtschaft und Korruption in den Reihen seiner Familien und Freunde voran und spielte eine wichtige Rolle bei der Inhaftierung seiner Konkurrenten. Zusätzlich setzte er dabei außenpolitisch einen EU-freundlichen Kurs fort, der einer gemeinsamen Ausarbeitung eines **Assoziierungsabkommens** folgte; dabei versuchte Russland vergebens, die Ukraine als Teil der Eurasischen Wirtschaftsgemeinschaft zu gewinnen und ein Gegenpol zum europäischen Modell zu schaffen.

Nach langen Verhandlungen sollte nun das Abkommen mit der EU im November 2013 unterschrieben werden, jedoch zog die ukrainische Regierung eine Woche vor dem Termin ihre Entscheidung unerwartet zurück und brachte die bereits optimistisch gestimmten Bürger auf die Straßen Kiews, zunächst angeführt von Studenten und schließlich im Dezember unterstützt von landesweiten Protesten mit mehreren 100.000 Demonstranten. Dies läutete erneut den Beginn einer

---

[34] vgl. Kappeler, A. (2015, 1): Die Ukraine – ein Land zwischen West und Ost, S. 17 f.

allukrainischen Bewegung ein, die seitdem mit weitreichenden Folgen verbunden war. Trotz des harten Durchgreifens der Regierung gegen diese Proteste hielten die Demonstranten an ihren Forderungen fest und setzten den ungelösten Konflikt weiter fort. Als Folge dessen kam es zur Flucht von Präsident Janukowitsch nach Russland und der Einrichtung einer Übergangsregierung, die noch immer bedingt handlungsfähig war. Als es schließlich zur **Annexion der Krim** durch Russland sowie zu einem bewaffneten Aufstand in den östlichen Regionen gegen die Zentralregierung in Kiew kam, versank das Land in eine staatliche Krise, die auch nach den Parlaments- und **Präsidentschaftswahlen 2014** nur schleppend gelöst werden konnte. Die bis heute amtierende politische Führung unter **Präsident Poroschenko** hat es seither nicht geschafft, die kritische wirtschaftliche und politische Lage weitgehend zu stabilisieren sowie den militärischen Konflikt mit den abtrünnigen Gebieten Donezk und Luhansk beizulegen, daher wird die Staatsgewalt der kommenden Jahre die zahlreichen ungelösten und tief verwurzelten Probleme des Landes in eine zukunftsweisende Richtung lenken müssen.[35][36]

### 3.2.1 Zwischenfazit

Die zeitgenössische Geschichte der Ukraine deutet den letzten Ereignissen zufolge auf eine eher schleppende Entwicklung des Landes mit tiefsitzenden kriminellen Strukturen innerhalb des politischen Systems hin. Durch die zum Systemumbau angewandte „Schocktherapie"[37], die damals von westlichen Beratern wie Jeffrey Sachs für die realsozialistischen Ökonomien empfohlen wurde, fand ein diskontinuierlicher Übergangsprozess mit einer folgenschweren Destabilisierung der politökonomischen Verhältnisse statt.

Es ist hinsichtlich der Vielzahl an ausschlaggebenden Faktoren daher auch interessant, die soeben verknüpften historischen Hintergründe auch aus einer theoretisch-analytischen Sicht zu betrachten

---

[35]  vgl. Kappeler, A. (2015, 2): Geschichte der Ukraine, S. 334 ff.

[36]  vgl. Kappeler, A. (2015, 1): Die Ukraine – ein Land zwischen West und Ost, S. 19 ff.

[37]  Franzen, W. et al. (2005): Osteuropa zwischen Euphorie, Enttäuschung und Realität, S. 19

# 4. Zur Theorie der Systemtransformation

## 4.1 Forschungsstand und theoretische Reflexion

Die Theorie der Systemtransformation ist in der vergleichenden Politikwissenschaft ein recht junger Forschungsgegenstand und beschreibt in ihren Grundsätzen die einzelnen Verläufe eines Übergangs von ehemals sozialistischen Autokratien beziehungsweise totalitären Diktaturen hin zu einer marktwirtschaftlich orientierten Demokratie.

Obwohl dieser wissenschaftliche Ansatz in den Fachkreisen sehr positiv wahrgenommen wird, kommen nach intensiver Lektüre jedoch auch einige Kritikpunkte zum Vorschein. Gerade im Hinblick auf den zu bearbeitenden Analysegegenstand hat die Theorie einen eher deskriptiven Charakter und behandelt überwiegend politische Transformationsfaktoren, während die wirtschaftlichen Prozesse peripher tangiert werden; im Gegensatz zu sämtlichen Theorien der Internationalen Beziehungen lassen sich hieraus auch keine Prognosen oder Handlungsempfehlungen für den Einzelfall ableiten.[38]

Daher werden im Rahmen des folgenden Diskurses an das theoretische Konstrukt der politischen Systemtransformation zusätzlich konkrete ökonomische Prinzipien herangezogen, die – angelehnt an den sogenannten Washington-Konsens – in ihren Wesenszügen präsentiert und für die in Punkt 3.3 vorgenommene Analyse berücksichtigt werden.

Des Weiteren ist es vor der folgenden Auseinandersetzung mit der ausgewählten Theorie von Notwendigkeit, einige Begrifflichkeiten klar zu definieren und abzugrenzen, da „je nachdem, welche Einheit vom Wandel oder Wechsel betroffen ist, [...] unterschiedliche, für die jeweilige Entität spezifische Transformationsprobleme auf[tauchen]"[39] können.

Unter einem sogenannten **Systemwandel** versteht man die Veränderung „grundlegende[r] Funktionsweisen und Strukturen einer Herrschaftsordnung"[40], die zunächst nach mehreren Jahren durch die politischen und zivilen Gesellschaftseliten ausgehandelt werden und sich kontinuierlich und evolutionär entwickeln, ohne

---

38    vgl. Kollmorgen, R. (2000): Rezension, S. 6 f.
39    Merkel, W. (2010): Systemtransformation, S. 63
40    Merkel, W. (2010): Systemtransformation, S. 65

dabei den etablierten Systemtypus infrage zu stellen. Als Beispiel sind die Modernisierungsprozesse in China seit 1978 zu erwähnen, die zwar durch die wirtschaftspolitischen **Reformen** einschneidende Veränderungen und ein Zeitalter des Aufstiegs Chinas als Weltmacht einleiteten, das grundlegende sozialistische Einparteiensystem jedoch unverändert ließen.[41]

Indessen entscheidend für einen **Systemwechsel** ist, wenn der „Herrschaftszugang, die Herrschaftsstruktur, der Herrschaftsanspruch und die Herrschaftsweise eines Regimes"[42] prinzipiellen Veränderungen unterliegt und das politische System als Ganzes in einem revolutionären Charakter neu aufgelegt wird. Hier könnte der Zusammenbruch des gesamten sowjetisch geprägten sozialistischen Blocks seit den 1980-er Jahren angeführt werden, der einen vielschichtigen gesellschaftlichen sowie politökonomischen Neuanfang von der totalitären Zentralverwaltungswirtschaft hin zu einer liberalen Wirtschafts- und Gesellschaftsordnung mit sich brachte.[43]

Die folgenden Unterpunkte werden sich mit den Phasen eines grundlegenden Systemwechsels auseinandersetzen, so wie er auch in der ehemaligen Ukrainischen SSR vonstattenging. Dabei wird größtenteils auf die Ausführungen dem deutschen Politologen Wolfgang Merkel verwiesen, dessen Publikationen auf diesem Forschungsgebiet als „Standardwerk ohnegleichen"[44] gepriesen werden und durch die theoretische Struktur eine schrittweise Herangehensweise ermöglichen.

## 4.2 Stufen & Prozesse der Systemtransformation

Nach Wolfgang Merkel vollzieht sich eine Systemtransformation in drei aufeinanderfolgenden und miteinander verknüpften Schritten:

- Ende des autokratischen / totalitären Systems
- Institutionalisierung der Demokratie
- Konsolidierung der Demokratie

---

[41]  vgl. Merkel, W. (2010): Systemtransformation, S. 65 f.

[42]  Merkel, W. (2010): Systemtransformation, S. 66

[43]  vgl. Merkel, W. (2010): Systemtransformation, S. 66

[44]  Zeitschrift für Vergleichende Politikwissenschaft (ZfVP), 2-2010 – aus Springer VS

Im Vergleich mit den zahlreichen Systemwechseln des 20. Jahrhunderts stellt man bereits zu Beginn fest , dass diese drei Abläufe in der Realität oft überlappen, da einzelne Bereiche der politischen Struktur noch nach alten Maßstäben autoritär regiert werden, während andere bereits durch demokratische Regeln und Normen gefestigt sind.[45]

Dabei können dem ursprünglich dreiteiligen Modell zwei weitere Phasen angefügt werden, die den Verlauf wie auch die Intensität der Transformation maßgeblich beeinflussen können: **Demokratieerfahrungen aus vorautokratischen Epochen** sowie die **Art und Dauer des zu transformierenden Systems**. Falls ein Land bereits auf demokratische Vorstrukturen zurückgreifen kann, so wird die „neue Demokratie a[n] die alten demokratischen Eliten, auf institutionelle Erfahrungen oder gar alte zivilgesellschaftliche Kulturen"[46] anknüpfen. Gleiches gilt für die Ausgangslage, denn je länger das alte System konsolidiert war, umso herausfordernder wird somit die „Entdifferenzierung"[47], also die endgültige Auflösung.

### 4.2.1 Ende des autokratischen Systems

Bei bestimmten Veränderungen in der Struktur der einzelnen ökonomischen, politischen und sozialen Subsysteme eines Regimes kann es zu einschneidenden Krisen kommen, die schließlich mit einem Systemwechsel eingehen. Hierbei unterscheidet man prinzipiell zwischen systeminternen und systemexternen Ursachen, die die Legitimität des jeweiligen Systems infrage stellen.

Zu den systeminternen Ursachen gehören:[48]

- ökonomische Ineffizienz des Systems mit Legitimitätsverlust des Regimes

- ökonomische Effizienz des Systems und dadurch steigende Bedürfnisse der Bürger

- politische Schlüsselereignisse, unter anderem parteiinterne Konflikte und Bürgerproteste

---

45  vgl. Merkel, W. (2010): Systemtransformation, S. 94

46  Merkel, W. (2010): Systemtransformation, S. 96

47  Merkel, W. (2010): Systemtransformation, S. 94

48  vgl. Merkel, W. (2010): Systemtransformation, S. 98 f.

Unter die systemexternen Ursachen fallen:[49]

- Kriegsniederlage sowie Annahme des etablierten Systems der Siegermacht
- Verlust der externen Unterstützung durch eine Supermacht oder ein Militärbündnis
- Dominoeffekt durch regional konzentrierte Demokratisierungswellen

Ebenso vielfältig können dabei die einzelnen **Verlaufsformen** einer solchen Transformation sein, da sie oft durch historische Vorbedingungen sowie akute Schlüsselereignisse bedingt sind

Es lassen sich aus den Erfahrungen der Demokratisierungsprozesse aus dem 19. und 20. Jahrhundert **sechs Idealtypen** erkennen:[50]

- evolutionärer, zeitlich andauernder Wandel zu einer Demokratie

    ->allmähliche Einführung demokratischer Institutionen

- durch die etablierten Regimeeliten eingeleiteter und kontrollierter Systemwechsel

    ->Übernahme der Macht der autokratischen Führer in das neue demokratische System

- durch die bürgerliche Gesellschaft erzwungener Systemwechsel

    ->Starke Mobilisierung der Bevölkerung, oft unterstützt durch das Militär

- ausgehandelter Systemwechsel

    ->Reformwille durch ein politisches Gleichgewicht zwischen Elite und Opposition

- Sturz des Regimes

    ->durch äußere Ursachen wie Kriegsniederlage oder externer Druck

- Zusammenbruch des Systems und anschließende Neugründung von Staaten

    ->nach dem Zerfall eines Imperiums und einem demokratischen Neuanfang

---

49  vgl. Merkel, W. (2010): Systemtransformation, S. 99 ff.
50  vgl. Merkel, W. (2010): Systemtransformation, S. 101 ff.

### 4.2.2 Institutionalisierung der Demokratie

Der primäre und entscheidende Schritt in Richtung Demokratisierung ist „der Übergang der politischen Herrschaft von einer Person oder einer Gruppe [...] auf ein „Set" institutionalisierter Regeln, die von allen anerkannt werden müssen und für alle, das heißt für Regierende und Regierte, gleichermaßen gelten".[51] Sobald ein neues demokratisches Grundsatzwerk, also eine **Verfassung**, verabschiedet wird, die die einzelnen politischen Verfahren nach verbindlichen Maßstäben regelt, so können neue Institutionen für die Wahrung der demokratischen Werte etabliert werden.[52]

Im Übrigen wird nach einer in Gang gesetzten Systemtransformation ein neues auf demokratischen Grundwerten basiertes Regierungssystem eingeführt, das das „Verhältnis von Legislative zur Exekutive"[53] regelt.

Laut Matthew Shugart lassen sich im Folgenden vier **Regierungssysteme** unterscheiden:[54]

1. Im **präsidentiellen** System wird der Präsident direkt von den Bürgern als Regierungschef gewählt, der auch die Mitglieder seines Kabinetts vorschlägt und ernennt. Dabei kann der Präsident weder das Parlament auflösen noch gibt es die Möglichkeit des Parlaments sein Misstrauen gegenüber dem Regierungsoberhaupt zu äußern.

2. Das **präsidentiell-parlamentarische** System besteht aus einer doppelten Spitze, bei der zum einen der Präsident direkt vom Volk und der Premierminister vom Präsidenten vorgeschlagen und indirekt vom Parlament gewählt wird. Dabei hat das Staatsoberhaupt die Befugnis, einzelne Minister oder auch die gesamte Regierung gegen den Parlamentswillen abzusetzen, wohingegen zwar das Parlament das Instrument des Misstrauensvotums besitzt, es jedoch durch ein Veto des Präsidenten widerrufen werden kann. Als letzte Instanz kann der Präsident schließlich das Parlament auflösen.

---


[51]   Merkel, W. (2010): Systemtransformation, S. 105

[52]   vgl. Merkel, W. (2010): Systemtransformation, S. 105 f.

[53]   Merkel, W. (2010): Systemtransformation, S. 106

[54]   Shugart, M. (1992): Of Presidents and Parliaments, S. 30 f.

3. Die **parlamentarisch-präsidentielle** Form besitzt ebenfalls eine doppelköpfige Exekutivgewalt, jedoch hat der Präsident in diesem System nicht die Möglichkeit, den Premierminister oder gar das Kabinett gegen den Parlamentswillen zu entlassen.

4. Schließlich sind die Kompetenzen des Präsidenten im **parlamentarischen** System stark eingeschränkt, da das Parlament sowohl in der Gesetzgebung als auch bei der Wahl sowie Ein- und Abberufung der Regierung unabhängig handeln kann. Er hat keinerlei Befugnisse, die einzelnen Prozesse der Regierungs- und Parlamentsbildung zu beeinflussen und verfügt über keine Kompetenzen in der Gesetzgebung.

Die Einführung eines dieser Regierungssysteme hängt meist von den Impulsgebern einer Systemtransformation ab, denn oft versuchen alte autokratische Eliten ihre Machtposition auch im neuen demokratischen System zu festigen.[55]

### 4.2.3 Konsolidierung der Demokratie

Sobald die alte Verfassung des autokratischen Regimes revidiert oder eine neue demokratische Verfassung verabschiedet wurde, müssen anschließend die ersten stabilisierenden Institutionen wie das Parlament, die Justiz und der gesamte Staatsapparat ihre Entscheidungen als Garanten des neuen Systems nach gefestigten Normen ausrichten und ihre Legitimität beim Volk unter Beweis stellen.

Dabei bauen die Möglichkeiten einer erfolgreichen Konsolidierung chronologisch auf den folgenden vier Ebenen auf:

1. Konstitutionelle Konsolidierung – Strukturen[56]

   Die in der neuen Verfassung vorgeschriebenen Institutionen wie „Staatsoberhaupt, Regierung, Parlament, Judikative und Wahlsystem"[57] beginnen nach einem grundlegenden Konsens mit jeweils begrenzten Machtressourcen zu arbeiten; dadurch werden ihre Handlungen berechenbarer und es wird ein Vertrauen in das neue System geweckt.

---

[55]  vgl. Merkel, W. (2010): Systemtransformation, S. 109

[56]  vgl. Merkel, W. (2010): Systemtransformation, S. 113 ff.

[57]  Merkel, W. (2010): Systemtransformation, S. 112

2. Repräsentative Konsolidierung – Akteure[58]

   Durch die erste Phase der Konsolidierung entstehen politische Akteure, die fortan die regionalen sowie funktionalen Interessen der Bevölkerung vertreten; diese organisieren sich in Parteien und Verbänden und haben wiederum einen unmittelbaren Einfluss auf die Entwicklung der zuvor eingeführten Institutionen.

3. Verhaltenskonsolidierung – informelle politische Akteure[59]

   Das Handeln der politischen Akteure wird als Nächstes von außenstehenden informellen Akteuren bewertet, die den politischen Schlüsselfiguren bei Sympathie mit deren Kurs entweder ihre Unterstützung aussprechen oder versuchen, deren Entscheidungen als einflussreiche „Vetomacht"[60] zu blockieren. Zu diesen Akteuren können „das Militär, [...], Vertreter des Finanz- und Industriekapitals, Großgrundbesitzer"[61] und andere gesellschaftliche Akteure zählen. Alsbald sich das Gegengewicht zwischen Politik und informellen Akteuren allmählich harmonisiert hat, so besteht eine große Wahrscheinlichkeit einer langanhaltenden und krisenresistenten Konsolidierung.

4. Konsolidierung der Bürgergesellschaft – civic culture & civil society[62]

   Im finalen Schritt zur Festigung einer kürzlich entstandenen Demokratie wird das Engagement der staatsbürgerlichen Kultur beschrieben. Obwohl das Volk eigentlich eine Schlüsselrolle bei Entscheidungsprozessen spielen soll, bedarf es einer „aktiven Beteiligung des Demos"[63] lediglich im letzten Schritt. Dennoch kann eine Demokratie erst als vollständig konsolidiert gelten, wenn ein großer Teil der Bevölkerung seine Teilhabe äußern kann.

---

[58] vgl. Merkel, W. (2010): Systemtransformation, S. 118 ff.

[59] vgl. Merkel, W. (2010): Systemtransformation, S. 122 ff.

[60] Merkel, W. (2010): Systemtransformation, S. 122

[61] Merkel, W. (2010): Systemtransformation, S. 122

[62] vgl. Merkel, W. (2010): Systemtransformation, S. 114 ff.

[63] Merkel, W. (2010): Systemtransformation, S. 124

Die bürgerliche Partizipation kann in zwei miteinander verschränkte Dimensionen aufgeteilt werden:

- Die politische Kultur („civic culture") in einem etablierten demokratischen System ist geprägt von unterschiedlichen Einstellungen und Werten innerhalb einer Gesellschaft, die sämtliche politische Orientierungen umfassen und Ausdruck freier, am Mitgestaltungsprozess teilhabender Gesellschaften sind.

- Die organisierte Zivilgesellschaft („civil society") sammelt folglich das breite Meinungsspektrum der politischen Kultur einer Gesellschaft und organisiert sich in freien Vereinen, Bürgerinitiativen sowie Nichtregierungsorganisationen, um einerseits das bürgerliche Engagement an einem Ort zu fokussieren sowie andererseits sich an öffentlichen Debatten und Protesten jeglicher Art zu beteiligen.

Nach Durchlaufen aller vorgestellten Schritte kann eine Demokratie anhand der Theorie als endgültig konsolidiert gelten und sich ebenso durch interne wie auch externe Akteure zu einem beständigen System weiterentwickeln.

### 4.2.4 Wirtschaftliche Transformation – Der Washington-Konsens

Wie bereits in der theoretischen Reflexion in 3.1 erwähnt, beschränkt sich das vorgestellte Modell der Systemtransformation vielmehr auf die politischen und gesellschaftlichen Rahmenbedingungen und bedarf für eine profunde Analyse deshalb auch einer Untersuchung der wirtschaftlichen Faktoren.

Als Leitkonzept eignet sich hierfür der sogenannte Washington-Konsens, der ursprünglich 1989 vom US-amerikanischen Ökonomen John Williamson in Washington D.C. vorgestellt wurde und auf den gemeinsamen Kernsätzen wichtiger Finanzinstitute wie dem IWF[64], der Weltbank sowie dem US-Finanzministerium aufbaut. Diese Richtlinien wurden zunächst als Entwicklungsstrategie infolge der lateinamerikanischen Schuldenkrise in den 1980-er Jahren entwickelt und später auch für die Länder des ehemaligen sozialistischen Blocks herangezogen, um die dringend benötigten Wirtschaftsreformen einzuleiten.

---

[64] IWF – Internationaler Währungsfonds

In seinem Beitrag „What Washington Means by Policy Reform" charakterisiert John Williamson zehn spezifische Elemente in Bezug auf notwendige Wirtschaftsreformen:[65]

1. Kürzung der fiskalischen Defizite („fiscal deficits")

   Die anhaltenden Haushaltsdefizite stellen die wichtigste Ursache für das makroökonomische Ungleichgewicht in Form von Zahlungsbilanzdefiziten, Hyperinflation und Transfer von Kapital dar und sollten daher gekürzt werden.[66]

2. Prioritätenwechsel bei den Staatsausgaben („public expenditure priorities")

   Die staatlich verordneten (Preis-)Subventionen sollten von öffentlichen Betrieben vielmehr hin zur Bereitstellung von Bildung, medizinischer Grundversorgung sowie Infrastrukturmaßnahmen umgeleitet werden.[67]

3. Steuerreformen („tax reform")

   Als Alternative zur Senkung der Staatsausgaben dient auch die Anpassung sowie Erhöhung der Steuersätze, um die zu hohen Haushaltsdefizite zu vermeiden; Ebenso wird empfohlen, Zinseinnahmen aus im Ausland angelegtem Kapital („flight capital") mit einer Steuer zu belegen.[68]

4. Marktabhängige Zinssätze („interest rates")

   Die Zinssätze sollten marktabhängig bestimmt werden, um eine Fehlallokation von Ressourcen zu minimieren. Gleichzeitig sollten die realen Zinssätze positiv sein, damit private Anleger angeregt und Kapitalflucht vermieden werden kann.[69]

---

[65]  vgl. Williamson, J. (1990): What Washington Means by Policy Reform, S. 2 f.

[66]  vgl. Williamson, J. (2004): The Washington Consensus as Policy Prescription for Development, S. 3 f.

[67]  vgl. Williamson, J. (2004): The Washington Consensus as Policy Prescription for Development, S. 4 f.

[68]  vgl. Williamson, J. (1990): What Washington Means by Policy Reform, S. 5

[69]  vgl. Williamson, J. (1990): What Washington Means by Policy Reform, S. 5 f.

5. Wechselkursanpassung („exchange rate")

   Eine wichtige Voraussetzung für eine exportorientierte Wirtschaftspolitik ist ein wettbewerbsfähiger beziehungsweise niedriggehaltener Wechselkurs. Bei der Festlegung des Wechselkurses sollte berücksichtigt werden, dass das Wirtschaftswachstum sein volles Potenzial ausschöpfen kann; jedoch sollte der Kurs nicht zu niedrig angesetzt werden, um Leistungsbilanzdefizite sowie einen Mangel an inländischen Investitionen vorzubeugen.[70]

6. Handelspolitik („trade policy")

   Für die Ausweitung der nun auslandsorientierten Wirtschaft sollten ebenso Handelsbeschränkungen- und kontrollen (unter anderem Tarife oder Zölle) schrittweise abgebaut werden – die den Import sowie Export von Gütern und Dienstleistungen erschweren könnten.71

7. Ausländische Direktinvestitionen („foreign direct investment")

   Eine Liberalisierung der direkten Investitionen aus dem Ausland könnte einem transformierenden Land unter anderem die für die Modernisierung der Betriebe benötigten Kapitalzuflüsse wie auch ausländisches Know-How bringen. Laut dem IWF jedoch sollte dafür zuvor eine bereits funktionsfähige Marktwirtschaft garantiert sein, um die etwaigen Folgen einer Ausweitung der Geldmenge auffangen zu können, zu denen primär der dadurch zustande gekommene inflationäre Druck für die inländische Wirtschaft gehört.[72]

---

[70] vgl. Williamson, J. (2004): The Washington Consensus as Policy Prescription for Development, S. 7

[71] vgl. Williamson, J. (2004): The Washington Consensus as Policy Prescription for Development, S. 7 f.

[72] vgl. Williamson, J. (1990): What Washington Means by Policy Reform, S. 7 f.

8.  Privatisierung („privatization")

Der durch den Staat vorangetriebene Verkauf von staatlichem Eigentum schafft ebenso einige Vorteile, da er durch die rechtmäßige Veräußerung eines Unternehmens einerseits einen Gewinn für den Haushalt erbringen kann und gleichzeitig staatliche Behörden nicht mehr unter dem Druck stehen, dringend benötigte Investitionen zu tätigen. Zudem geht der gesellschaftliche Konsens dahingehend, dass die Industrie erst in privater Hand effizienter und profitabler wirtschaftet.73

9.  Deregulierung („deregulation")

Bezugnehmend auf die zur Verbesserung der Wirtschaftsfähigkeit eines Landes durchzusetzenden Maßnahmen wird zudem empfohlen, staatliche Regulationsmechanismen, wie beispielsweise die Festlegung der Preise, Bestimmung der Notwendigkeit von Investitionen sowie die Verteilung von Arbeitskräften durch Planbehörden aufzuheben; vielmehr sollte auch der kostenintensive bürokratische Apparat allmählich minimiert werden.74

10. Eigentumsrechte („property rights")

Als ein zusätzliches Schlüsselprinzip einer funktionierenden und krisenbeständigen Wirtschaftsordnung zählt die gesetzliche sowie faktische Sicherung der Eigentumsrechte aller Bürger eines Staates, die einen essentiellen Bestandteil im neu eingeführten System ausmachen.75

## 4.2.5 Zwischenfazit

Aus der Retrospektive betrachtet erwiesen sich diese Überlegungen allerdings nur bedingt als vielversprechendes Erfolgskonzept, da die oben aufgeführten volkswirtschaftlichen Steuerungselemente oftmals nur isoliert zum Einsatz kamen und miteinander verschränkte Reformansätze nicht berücksichtigten. Als konkretes Beispiel kann man die liberalisierenden Reformen nach dem Zusammenbruch der Sowjetunion anführen, aufgrund derer bereits 1992 die Preisbindung für rund 90 % der Handelsgüter aufgehoben, ehemals staatliche Betriebe durch das sogenannte Coupon-System privatisiert sowie strenge Kontrollmechanismen außer Kraft gesetzt wurden. Die dramatischen Folgen dieser Liberalisierung waren

---

[73]  vgl. Williamson, J. (2004): The Washington Consensus as Policy Prescription for Development, S. 9 f.

[74]  vgl. Williamson, J. (1990): What Washington Means by Policy Reform, S. 8 f.

[75]  vgl. Williamson, J. (1990): What Washington Means by Policy Reform, S. 9

bereits kurze Zeit später zu sehen und resultierten in einer Hyperinflation, einem Rückgang der Produktion sowie in unverhältnismäßigen Eigentumsverhältnissen. Zusätzlich wurde durch die unkontrollierte und unbeschränkte Öffnung zum Weltmarkt ein großer Teil der postsowjetischen Produktion nicht mehr konkurrenzfähig, sodass massenweise Schließungen der Betriebe und damit einhergehend strukturelle Arbeitslosigkeit der Arbeiter die Folge waren. Durch das erwähnte Coupon-System und das fehlende Vertrauen unter der Bevölkerung gelang es dabei wenigen einflussreichen Unternehmern, ehemalige Staatsunternehmen in Auktionen weit unter dem Marktpreis aufzukaufen und kurze Zeit später um ein Vielfaches mehr zu veräußern.

Des Weiteren lässt sich feststellen, dass die so breit propagierten Vorschläge interessanterweise von der US-amerikanischen Führung wie auch von hochentwickelten Ländern Europas in bestimmten Sektoren bis heute zum Teil gegensätzlich angewendet werden, zu erwähnen seien  hier hohe Staatsschulden, gezielte Agrarsubventionen sowie Handelshemmnisse (auch: Protektionismus) gegen die Güter anderer Industrienationen.[76]

## 4.3 Der Transformationsprozess in der Ukraine

Nach einer ausführlichen Schilderung des theoretischen Rahmens wird dieser nun in dem folgenden Unterkapitel auf den Transformationsprozess in der Ukraine angewandt.

### 4.3.1 Ursachenkomplexe

Die Ursachen für die Systemtransformation in der Ukraine sind vielfältig und sollten zunächst aus der gesamtsowjetischen Perspektive betrachtet werden, da das Land als eine von 15 Teilrepubliken der Sowjetunion während der gesamten Periode hauptsächlich aus dem Moskauer Politbüro gelenkt und sämtliche Schlüsselimpulse von dort eingeleitet wurden.

Die jahrelang marodierende Zentralverwaltungswirtschaft sowie hohe Militärausgaben und das allmähliche Wiedererscheinen oppositioneller Bewegungen in der Mitte der 1980-er Jahre waren nur ein Teil des Niedergangs des Sowjetimperiums. Vielmehr sah man die anfangs als reformierend gedachten Maßnahmen Perestroika und Glasnost unter Michail Gorbatschow als Kernelement, das den Stein des

---

[76]  vgl. Baberowski, J. (2015): „Das sind einfach Diebe"

Systemwechsels ins Rollen gebracht hatte. Dabei wurde bereits kurze Zeit nach Implementierung dieser demokratischen Ideen bemerkbar, dass das vorherrschende System hauptsächlich durch den starken Machtapparat – unterstützt durch das KGB – am Fortbestand gehalten wurde, der fortan keine große Bedeutung mehr spielte. So förderten zusätzlich zu der bürgerlichen Öffnung noch das Reaktorunglück von Tschernobyl 1986 wie auch die Unabhängigkeitsbestrebungen außerhalb der UdSSR das Auseinanderbrechen des 70 Jahre anhaltenden Realsozialismus.

Bezogen auf die Ukraine gab es bereits 1987 die Entstehung der Nationalbewegung „Narodnyj Ruch", die zunächst in der Westukraine und später immer mehr Menschen in der gesamten Ukraine mobilisierte. Die sich damals immer mehr anbahnende Krise fand ihren Höhepunkt im sogenannten Augustputsch 1991, als Altkommunisten vergeblich versuchten, das sowjetische System aufrechtzuerhalten und daran scheiterten. Schließlich verkündete die Ukraine im Dezember desselben Jahres nach einem landesweiten Referendum ihre Unabhängigkeit und läutete damit den Systemwechsel ein.[77]

### 4.3.2 Die Entwicklung 1991 – 2004

Bewertet man den politischen wie auch ökonomischen Transformationsprozess der Ukraine seit der Unabhängigkeit bis zur Orangen Revolution 2004, so ergibt sich ein überwiegend gemischt-negativer Eindruck der Geschehnisse. Die aufstrebenden Autonomiebewegungen der 1980-er Jahre konnten nur bedingt in ein breites politisches Engagement umgewandelt werden und ließen den Großteil der alten Parteifunktionäre weiterhin die Elite in der politischen Landschaft darstellen. Dadurch festigte die alte Nomenklatura ebenso ihre Macht im neuen System und erschwerte einen dringend benötigten Reformprozess, da dieser möglicherweise zu ihren Ungunsten ablaufen würde. Zusätzlich blieben noch unter weiten Teilen der Bevölkerung nostalgische Erinnerungen mit Rückbesinnung zu einem sozialistischen Wirtschaftsmodell. Die starken Ergebnisse der Kommunistischen Partei bei den Parlamentswahlen 1994 und 1998 verdeutlichten die skeptische Haltung der Bürger, die einzelnen Wirtschaftszweige in private Hände abzugeben sowie marktwirtschaftliche Reformen einzuführen; andere Parteien dahingegen vertraten hauptsächlich Individualinteressen standen den Neuerungen ebenso kritisch gegenüber. Viele Ukrainer verfolgten deshalb grundsätzlich eine eher ablehnende

---

[77]  vgl. Helmerich, M. (2003): Die Ukraine zwischen Autokratie und Demokratie, S. 14 ff.

Haltung gegenüber den neuen Parteien, da sie in ihnen keine Vermittlerrolle zwischen der Gesellschaft und dem Staat sahen. Dadurch machten sie es den etablierten kriminellen Clans von Kiew und Dnipropetrowsk ziemlich leicht, Parteien für ihre Ziele zu unterstützen und folglich ins Parlament zu bringen.

Bereits der zweite Präsident der Ukraine, Leonid Kutschma, war in ein breites Netzwerk von Wirtschaftsvertretern eingebunden und ließ sich zugunsten ihrer Interessen stark beeinflussen; daher waren die ersten Jahre der demokratischen Konsolidierung von etlichen Fehlentwicklungen geprägt, die überwiegend von elitären Kreisen ohne ein zivilgesellschaftliches Gegengewicht geprägt wurden.

Ebenso die 1996 verabschiedete Verfassung hatte zwar einen demokratischen Charakter, veränderte an den Machtverhältnissen jedoch wenig und förderte lediglich durch das eingeführte semipräsidentielle System eine durchgehende Rivalität zwischen Parlament, Premierminister und Präsident, die wiederum in mehrfachen, vom Präsidenten initiierten Kabinettswechseln sowie nicht kontinuierlichen Regierungsbildungen resultierten.

Die einhergehende Wirtschaftskrise in der Ukraine erschwerte zudem die Etablierung eines funktionierenden demokratischen Systems. Aufgrund der innenpolitischen Konflikte sowie der mangelnden Bereitschaft für eine tiefgreifende Umstrukturierung der Wirtschaftsabläufe nach dem Credo des Liberalismus war die politische Führung des Landes nicht in der Lage, mildernde Maßnahmen zur Verbesserung der Lage durchzusetzen.

Dadurch verschärfte sich die wirtschaftliche Krise im Land und die Bevölkerung bekam stark von ihr zu spüren. Die Folgen waren eine rapide Geldentwertung (Hyperinflation), die Schließung ehemals staatlicher Großbetriebe, massenhafte Arbeitslosigkeit und eine weit verbreitete Armut; dieser wirtschaftliche Abstieg hinderte maßgeblich den Demokratisierungsprozess seit der anfänglichen Unabhängigkeit.[78]

Bezogen auf die vier Konsolidierungsschritte in der Theorie (konstitutionell, repräsentativ, Verhalten, Bürgergesellschaft) ist festzustellen, dass im ersten Jahrzehnt seit der Unabhängigkeit keine Fortschritte zu verzeichnen waren. Der schwache Charakter der Verfassung, die innerpolitischen Streitereien sowie das unverhältnismäßige Machtgefüge zwischen Politik und informellen Akteuren – in diesem Fall

---

[78] vgl. Redlich, M. (2018): Die politische und wirtschaftliche Transformation der Ukraine, S. 252 ff.

Oligarchen und Wirtschaftseliten – wirkten sich allesamt negativ auf eine Festigung einer ukrainischen Demokratie aus, geschweige denn einer bürgerlichen Gesellschaft, die in ihrer wirtschaftlichen Not noch immer primär um die eigene Existenz kämpfte als für ihre demokratischen Rechte.

### 4.3.3 Die Entwicklung 2004 – heute

Nach Überwindung der ersten herausfordernden Jahre seit der Unabhängigkeit haben zahlreiche Ereignisse die Ukraine seither geprägt. In der sogenannten Orangen Revolution 2004 erwachte langsam auch ein kritisches Bewusstsein unter der Bevölkerung, die Willkür des Staates sowie konkret Wahlfälschungen nicht mehr so einfach hinzunehmen, was mit einer Verfassungsänderung, einer Begrenzung der Kompetenzen des Präsidenten als auch der Wahl Wiktor Juschtschenkos einherging. Das Volk sah in ihm sowie seiner eingesetzten Ministerpräsidentin Yulija Tymoschenko einen Funken Hoffnung in Richtung einer zukunftsweisenden Politik des Fortschritts. Und tatsächlich wurden in der ersten Zeit demokratische Standards bei Wahlen sowie eine Begrenzung des staatlichen Einflusses auf Medien eingeführt, allerdings übten Oligarchen und Großunternehmer wie zuvor auch einen großen Einfluss auf die politische Landschaft der Ukraine aus; sei es hinsichtlich Parteienfinanzierung oder als Abgeordnete beziehungsweise Mitglieder des Kabinetts.

Diese tiefsitzenden Verflechtungen mit der wohlhabenden Elite führten zu zahlreichen politischen Entscheidungen sowie Privatisierungen zugunsten privater Unternehmen, sodass auch die Ansiedlung von ausländischem Kapital und Know-How stetig erschwert wurde.

Unter der Präsidentschaft von Wiktor Juschtschenko ab 2010 änderte sich an der Situation kaum etwas, die Macht der elitären Clans wurde immer größer, dass in sämtlichen relevanten Bereichen Beschlüsse gegen das kriminelle Unternehmertum nahezu unmöglich wurden und das Staatswesen dadurch weiterhin in einen ungleichgewichtigen Zustand steuerte. Parallel dazu lösten sich zwar ein wenig die regelmäßigen Streitpunkte zwischen Präsident, Regierung und Parlament, die politische und ökonomische Fortentwicklung allerdings ging weiterhin sehr schleppend voran. Nach den Ereignissen auf dem Euromaidan stürzte die Ukraine erneut in eine Staatskrise, die folglich zu einer Rezession der Wirtschaft sowie zu einer spürbaren Senkung des Lebensstandards führte. Als schließlich die Halbinsel Krim in den Wirren dieser Aufstände mit russischer Hilfe von der Ukraine losgelöst wurde und einige Zeit später kriegerische Handlungen zwischen ukrainischen

Truppen und prorussischen Separatisten um die abtrünnigen Gebiete Donezk und Luhansk entstanden, entfernte dich die Ukraine immer weiter von einer stabilen und demokratischen Konsolidierung ihres Landes.

In Bezug auf die ukrainische Wirtschaft ist festzustellen, dass seit den 2000-er Jahren einerseits wieder positive Wachstumszahlen zu bemerken waren, diese relativ gesehen zu den Vorjahren jedoch dementsprechend abzusehen waren. In der Tat gewann das Land auch durch den kontinuierlichen Ausbau des Dienstleistungssektors an Potenzial, die wirtschaftliche Struktur maßgeblich zu verbessern, doch spätestens im Zuge der Wirtschaftskrise 2008 zeigte sich die weitreichende Unterentwicklung der ukrainischen Wirtschaft, besonders die Schwerindustrie hatte durch die veraltete Technik gravierende Rückgänge in der Produktion zu verzeichnen. Zu dieser Zeit war die Ukraine sehr stark auf ausländische Kreditgeber angewiesen und durch die Absenkung ihrer Kreditwürdigkeit wurde ihr der Zugang zu diesen Mitteln weiter erschwert.

Darunter musste auch die ökonomische Zusammenarbeit mit der Europäischen Union leiden, da viele der bisherigen europäischen Investitionen aufgrund der damals eher aussichtslosen Lage wieder zurückgezogen wurden. Gleichzeitig fanden sich wiederum interessierte russische Anleger, die diese Entwicklung für die Beteiligung an ukrainischen Wirtschaftsobjekten nutzten und somit eine engere wirtschaftliche Bindung an Russland herstellten. Unter anderem war auch dies der ausschlaggebende Grund, weshalb sich 2013 der damalige Präsident Wiktor Janukowytsch dazu entschloss, das Assoziierungsabkommen mit der Europäischen Union vorerst nicht zu unterzeichnen. Zu dem Moment jedoch ging die breite Bevölkerung bereits auf die Straßen Kiews mit zahlreichen Forderungen für einen politischen und wirtschaftlichen Umschwung sowie einer Orientierung nach Westen. Dieses Assoziierungsabkommen wurde schließlich nach einer kurzen Verzögerung unterzeichnet und trat 2016 schrittweise in Kraft, seither sind kleinere wirtschaftliche Besserungen sowie eine Erholung der Wirtschaftskrise zum Status von 2013 zu beobachten.[79]

Inwiefern dieses Abkommen wie auch zukünftige Entwicklungen zwischen der EU und der Ukraine einen Segen oder möglicherweise einen Fluch für das Land

---

[79]  vgl. Redlich, M. (2018): Die politische und wirtschaftliche Transformation der Ukraine, S. 339 ff.

darstellen könnten, wird in Grundzügen in Punkt 4 anhand eines Versuches über mögliche Implikationen eines solchen Beitritts evaluiert.

### 4.3.4 Zwischenfazit

Nach den bisherigen Ereignissen der letzten 25 Jahre lässt sich feststellen, dass die politische wie ökonomische Entwicklung der Ukraine sehr unterschiedlich betrachtet werden kann. Die zahlreichen Krisen, denen das Land ausgesetzt war und bis heute ist, sind ein Beleg dafür, dass die Ukraine den Transformationsprozess noch lange nicht überwunden hat. Das konsolidierende politische System ist weiterhin anfällig für eine Einflussnahme durch die herausgebildete informelle Schicht der Oligarchen, die das Bild einer demokratischen Politik mit Entscheidungsmonopol unterminieren. Die allmählich wachsende Wirtschaft seit der Wahl Juschtschenkos zum Präsidenten führte zwar zur Entstehung eines relativen ukrainischen Mittelstands, der jedoch als äußerst instabil und armutsanfällig deklariert werden kann. Entgegen der optimistisch proeuropäischen Einstellung innerhalb der Ukraine hat das Land noch eine langzeitige und intensive Konsolidierungsphase vor sich.

# 5. Kritische Bestandsaufnahme eines möglichen EU-Beitritts der Ukraine

## 5.1 Der vertragsrechtlich-institutionelle Rahmen der Beziehungen EU – Ukraine

Die bilateralen Beziehungen zwischen der Europäischen Union und der Ukraine spielen bereits seit der Unabhängigkeit des Landes eine wichtige Rolle und sind Teil der „multivektoralen"[80] Ausrichtung. Dabei nehmen Beobachter aus dem Ausland diese Politik seit jeher als uneinheitlich wahr, da die Ukraine einerseits eine Annäherung an EU und NATO proaktiv begrüßt, gleichzeitig aber auch starke Beziehungen zu Russland pflegt.[81]

### 5.1.1 1994: Abkommen über Partnerschaft und Zusammenarbeit

Das Partnerschafts- und Kooperationsabkommen (PKA) von 1994 war die erste vertragliche Grundlage für die Zusammenarbeit zwischen der EU und allen osteuropäischen Staaten. Vonseiten der EU wurden die darin enthaltenen Standards als Kernelemente für den demokratischen Aufbauprozess betrachtet und schlossen Regelungen zur Förderung des politischen Dialogs, der demokratischen Strukturen, des Handels sowie weiterer Punkte ein. Gleichzeitig wurden zum gegenseitigen Austausch ein EU-Ukraine-Gipfeltreffen sowie ein EU-Ukraine-Kooperationsrat eingeführt, um die Umsetzungen dieses Abkommens zu überwachen.[82]

### 5.1.2 2004: Europäische Nachbarschaftspolitik (ENP)

Die EU-Kommission hat 2004 ein weiteres Strategiepapier vorgelegt mit dem Ziel, einen Kreis stabiler, befreundeter Staaten um die EU herum zu bilden und richtete ihre Pläne dabei an zahlreiche weitere Staaten, die eine politische, ökonomische und kulturelle Zusammenarbeit anstrebten. Durch diese engere Anbindung sah die Union konkrete Anreize für Entwicklungsländer wie die Ukraine, um den Transformationsprozess und die Modernisierung durch gemeinsame Projekte zu beschleunigen. Bei diesen Programmen ging es hauptsächlich um Entwicklungen zur

---

[80]   Pleines, H. (2008): Die Ukraine zwischen Ost und West, S. 13

[81]   vgl. Pleines, H. (2008): Die Ukraine zwischen Ost und West, S. 13 f.

[82]   vgl. Czarny, O. (2009): Die Ukraine und die Europäische Union: Stand und Perspektiven..., S. 6

Einhaltung der Menschenrechte, der Rechtsstaatlichkeit sowie einer marktwirtschaftlichen Stabilität.[83]

### 5.1.3 2005: Aktionsplan

Nach dem Wahlsieg Wiktor Juschtschenkos zum Präsidenten der Ukraine im Jahr 2004 war der außenpolitische Kurs eindeutig in Richtung EU gewandert und die Europäische Union beschloss daher einen präziseren Aktionsplan mit der Ukraine bis 2008, bei dem eine Angleichung beider Rechtssysteme, die Einhaltung demokratischer und rechtsstaatlicher Werte sowie die Schaffung einer funktionierenden Marktwirtschaft im Vordergrund stand. Des Weiteren begannen hier Gespräche über die Schaffung einer Freihandelszone zwischen beiden Parteien und bereits 2007 wurden schon die ersten Verhandlungen für ein Assoziierungsabkommen geführt, jedoch ausdrücklich ohne eine gesicherte Beitrittsperspektive für die Ukraine.[84]

### 5.1.4 2009: Östliche Partnerschaft

Ein weiteres Abkommen zu den angehenden Beziehungen zwischen der EU und seinen Nachbarn stellte die an die ENP anknüpfende Östliche Partnerschaft dar, dabei ging es um eine vertiefende Zusammenarbeit mit den östlichen Nachbarn der EU und dem Zusatz der Verbesserung der Beziehungen mit der EU sowie unter den einzelnen Nachbarstaaten auf ihrem Weg „zu demokratischen, rechtsstaatlichen und marktwirtschaftlich orientierten Gesellschaften"[85].

### 5.1.5 2013: Assoziierungsabkommen

Ende 2012 paraphierte schließlich die EU ein Assoziierungs- und Freihandelsabkommen mit der Ukraine und schlug darin weitumfassende Kooperationen in politischen, juristischen und wirtschaftlichen Bereichen vor, die einerseits die Ukraine weiter an die Europäische Union binden, andererseits jedoch noch immer keine Beitrittsperspektive ermöglichen sollten. Zu dieser Zeit hat der damals amtierende Präsident Wiktor Janukowytsch ebenso ein Interesse an der Eurasischen Wirtschaftsgemeinschaft mit Russland geäußert; das bereits 2011 verhandelte

---

[83]  vgl. Kommission der Europäischen Gemeinschaften (2004): Strategiepapier, S. 2 ff.

[84]  vgl. Pleines, H. (2008): Die Ukraine zwischen Ost und West, S. 17 f.

[85]  Auswärtiges Amt (o. A.): „Die Östliche Partnerschaft"

Freihandelsabkommen mit Russland sowie die Senkung der Gaspreise vertieften deren Bindung.

Mit den Ausschreitungen auf dem Euromaidan und der darauffolgenden Flucht des Präsidenten wurde seitens der ukrainischen Politik ein äußerst proeuropäischer und gleichzeitig antirussischer Kurs verfolgt, sodass das Assoziierungsabkommen 2014 in politischen, ab 2016 auch in wirtschaftlichen Belangen in Kraft gesetzt wurde und die Ausrichtung des Landes für die zukünftige Periode stark in Richtung Europa prägte.

Unter wirtschaftspolitischen Gesichtspunkten jedoch beinhaltete das Abkommen Regelungen, die auch zu Lasten der Ukraine gingen. In den Unterpunkten zum Handel wurde festgeschrieben, dass das Erreichen einer gemeinsamen Freihandelszone mit einer fast vollständigen Abschaffung der Zolltarife sowie nichttarifärer Handelshemmnisse einhergehen würde; nachträgliche Erhöhungen beziehungsweise Neuauflagen von Zöllen wären dabei ausgeschlossen. Zudem hätte die Ukraine sämtliche Standards im Bereich der Produktion und Industrie-Zertifizierung übernehmen sollen, deren Finanzierung eine große Herausforderung für die ukrainischen Unternehmen darstellen würde. Das Land hätte dadurch ein enges Abhängigkeitsverhältnis zur Europäischen Union aufgebaut und gleichzeitig seine nicht unbedeutenden Wirtschaftsbeziehungen zu Russland weiter geschwächt.[86]

Im Folgenden werden nun in einer übersichtlichen Darstellung potenzielle Argumente genannt, die für sowie gegen einen Beitritt der Ukraine zur Europäischen Union sprechen; dabei werden die Interessen beider Parteien berücksichtigt. Die ausgewählten Argumente befassen sich nur mit einer Auswahl aller möglichen Implikationen und decken dieses Unterthema aufgrund des begrenzten Rahmens dieser Arbeit in einer kürzeren Gegenüberstellung ab.

---

[86] vgl. Redlich, M. (2018): Die politische und wirtschaftliche Transformation der Ukraine, S. 294 ff.

## 5.2 Chancen eines möglichen Beitritts der Ukraine zur EU

### 5.2.1 Mögliche positive Implikationen für die Ukraine

**Politische & ökonomische Konsolidierung der Ukraine**

Um am Beitrittsprozess zur Europäischen Union teilzunehmen, müssen potenzielle Kandidaten ihre Länder zunächst an die vorgegebenen Standards angleichen, um überhaupt beitrittsfähig zu sein. Dafür hat die EU 1993 die sogenannten Kopenhagener Kriterien ausgearbeitet, die konkrete Anforderungen an einen solchen Beitritt beinhalten. Unter anderem geht es um eine „demokratische und rechtsstaatliche Ordnung"[87] die Achtung der Menschenrechte sowie aus wirtschaftlicher Sicht eine „makroökonomische Stabilität"[88] und die Übernahme des „gemeinschaftlichen [juristischen] Besitzstandes"[89]. Durch diese strengen Auflagen könnte sich die Ukraine im Transformationsprozess mithilfe der Obhut europäischer Behörden kontinuierlich weiterentwickeln und dadurch der politischen und wirtschaftlichen Konsolidierung des Landes näherkommen. Als Beispiel könnten ehemals sozialistische Länder wie Polen oder die baltischen Republiken herangezogen werden, die diese Standards nach umfassenden Umstrukturierungsmaßnahmen in wenigen Jahren erreichen konnten und dadurch bereits 2004 zu Mitgliedern der Europäischen Union wurden.[90] Gerade diese positiven Präzedenzfälle, die prinzipiell auch einen guten Vergleich mit der Ukraine darstellen, könnten als Ansporn für das Land dienen, dem europäischen Weg zu folgen, um den Transformationsprozess erfolgreich abzuschließen.

**Anstieg europäischer & ausländischer Direktinvestitionen**

Als ein weiterer positiver Punkt ist der beobachtete Anstieg der direkten ausländischen Investitionen anzuführen. In den osteuropäischen Staaten, die 2004 der EU beigetreten sind, sind positive Veränderungen hinsichtlich des Investitionsklimas zu verzeichnen gewesen, die die ökonomische Entwicklung dieser Länder weiter beschleunigten.[91] Solche Veränderungen wie auch die zahlreichen Entwicklungsprojekte der EU könnten der stark investitionsbedürftigen Wirtschaft der Ukraine

---

87  Bundestag – Fachbereich Europa (2016): S. 5

88  Bundestag – Fachbereich Europa (2016): S. 6

89  Bundestag – Fachbereich Europa (2016): S. 6 f.

90  vgl. Kolarska-Bobin´ska, L. (2003): The EU Accession and Strengthening of Institutions in East Central Europe, S. 91 ff.

91  vgl. Shepotylo, O. (2010): A Gravity Model of Net Benefits of EU Membership, S. 679

wieder zu einem Anstieg der Produktivität verhelfen und zusätzlich durch die Ansiedlung europäischen Kapitals in Form von multinationalen Unternehmen ebenso neue Arbeitsplätze schaffen.

### 5.2.2 Mögliche positive Implikationen für die Europäische Union:

**Ausweitung des Binnenmarkts**

Eine der positiven Auswirkungen des EU-Beitritts eines neuen Staates ist die Erweiterung des Binnenmarkts. Gemäß dem aktuellen Stand der Forschung ist solch ein Beitritt gekennzeichnet von einem Anstieg der Produktivität sowie einem sinkenden Preisniveau, das sich wiederum positiv auf den gesamteuropäischen Verbraucher auswirkt.[92] Auf die Ukraine bezogen könnte solch ein Eintritt in den Binnenmarkt ebenso eine erhöhte Produktivität bedeuten; durch die Abkehr von Zöllen könnte es auch zu einer Vergünstigung der aus dem europäischen Ausland importierten wie auch aus der Ukraine exportierten Güter kommen sowie zum wirtschaftlichen Aufschwung der Ukraine beitragen.

**Zuwachs der geostrategischen Stärke**

Durch einen weiteren Zuwachs unter den Mitgliedern der Europäischen Union würde die EU gewiss an wirtschaftlicher sowie geopolitischer Stärke gewinnen, denn gerade in Zeiten verschiedener Konzentrationen von Macht, seien es die Vereinigten Staaten von Amerika, Indien oder China, würde ein weiteres Land – hier die Ukraine – in der europäischen Familie das Potenzial der EU in wirtschaftlicher sowie geostrategischer Hinsicht umso mehr stärken und gleichzeitig eine Vermittlerrolle bei internationalen Angelegenheiten im eurasischen Raum spielen können.[93]

---

[92]  vgl. Breuss, F. (2002): Benefits and Dangers of EU Enlargement, S. 251 ff.
[93]  vgl. Meunier S. & Nicolaidis, K. (2017): Power through size: accession and exit, S. 221 ff.

## 5.3 Risiken eines möglichen Beitritts der Ukraine zur EU

### 5.3.1 Mögliche negative Implikationen für die Ukraine:

**Auswanderung von ukrainischen Arbeitskräften**

Die mit einem EU-Beitritt einhergehenden und als positiv wahrgenommenen Freiheiten des Waren-, Personen-, Dienstleistungs- sowie Kapitalverkehrs können selbstverständlich auch Herausforderungen mit sich bringen. Durch die Öffnung der Möglichkeiten für Arbeitnehmer, in ein beliebiges EU-Land auszuwandern, ist es gerade in vielen beigetretenen Ländern Osteuropas zu signifikanten Emigrationsbewegungen gekommen, bei dem oft die junge Bevölkerung in die hochentwickelten EU-Länder auf der Suche nach Arbeit gewandert und dort geblieben ist. Die Folgen dieser Auswanderungen waren fehlende Arbeitskräfte im Ursprungsland sowie ein langfristig entstehendes Defizit im Sozial- und Rentensystem.[94]

Solch ein Abwanderungstrend könnte möglicherweise auch die Ukraine treffen und lässt sich bereits seit Inkrafttreten des visafreien Regimes – zumindest in der Anzahl der Grenzübergänge – beobachten.[95]

**Fortschreiten der Destabilisierung der Ukraine**

Mit Fokus auf die Ukraine sollte hier nicht unberücksichtigt bleiben, dass ein potenzieller Beitritt zu einer wirtschaftlichen Allianz – in diesem Fall der EU – den starken Beziehungen der ukrainischen Wirtschaft zu Russland noch mehr schaden könnte, da sich Russland durch solch einen Schritt von außen weiter bedrängt fühlen und dies als Gefahrenpotenzial für die heimische Wirtschaft wahrnehmen würde. Zusätzlich könnte es den – im historischen Teil dieser Arbeit geschilderten – innergesellschaftlichen Druck zwischen Ost- und Westukrainern weiter aufheizen, der die momentan instabile Lage nur mehr zu destabilisieren vermag.

---

[94]  vgl. Siuts, A. (2009): EU-Migration: das Emigrationsverhalten der Bewohner ost- und mitteleuropäischer Länder nach dem EU-Beitritt, S. 61 f.

[95]  vgl. Sushko, I. (2018): Analyse: EU-Visaliberalisierung für die Ukraine – Auswirkungen auf Reformen und Mobilität, S. 1 ff.

## 5.3.2 Mögliche negative Implikationen für die Europäische Union:

### Weitere Verlagerung von Produktionsstandorten

Eine Vielzahl europäischer Unternehmen verlagert einige ihrer Produktionsstätten in benachbarte Länder, in denen das Lohnniveau oftmals deutlich niedriger ist und spart dadurch bei arbeitsintensiven Prozessen in der Wertschöpfungskette Fertigungskosten ein; dieser Offshoring-Prozess kann allerdings auch weitgreifende Folgen für das einzelne Land haben, dessen Unternehmen ins Ausland gehen, denn durch die Verlagerung kann es zu einem Verlust von Arbeitsplätzen sowie sinkenden Steuereinnahmen auf dem heimischen Markt kommen. Zusätzlich führt die neuentstandene Konkurrenz im ausländischen Arbeitsmarkt möglicherweise auch zu einem Sinken des ursprünglich höheren Lohnniveaus im Inland.[96]

Besonders aufgrund der Tatsache, dass die Ukraine bis heute zu den niedrigsten Lohnniveauländern Europas zählt, würde ein EU-Beitritt in gewissem Maße auch eine Herausforderung für den bestehenden EU-Arbeitsmarkt zur Folge haben; jedoch sollte an dieser Stelle betont werden, dass empirische Untersuchungen der letzten Jahre ein weitaus positiveres Bild der oben genannten Effekte bei den letzten Beitritten zur EU gezeigt haben.[97]

### Anstieg der finanziellen Hilfestellungen zur Verbesserung des Entwicklungsniveaus

Sobald ein Land der EU beigetreten ist, werden bestimmte Maßnahmen ergriffen, um eine allmähliche Anpassung an die infrastrukturellen sowie allgemeinen ökonomischen Vorgaben innerhalb der Europäischen Union zu erreichen. Diese Umstrukturierungsprogramme werden wegen des noch „niedrigen Entwicklungsniveaus"[98] des Beitrittslands vorerst von den anderen EU-Ländern finanziert, sodass durch diese Umverteilung wiederum weniger Mittel für bereits lange bestehende EU-Mitglieder bereitstehen. Angesichts der politökonomischen Entwicklung der Ukraine seit ihrer Unabhängigkeit wäre somit das Land über eine sehr lange Zeit auf diese Hilfen als Nettoempfänger angewiesen und könnte dahingehend auch eine Belastung für die Stabilität der gesamten Europäischen Union darstellen.[99]

---

96  vgl. Egger, Hartmut (2005): Outsourcing und Offshoring – eine makroökonomische Betrachtung, S.6 f

97  vgl. HWWI (2005): Produktionsverlagerungen: Gewinner und Verlierer, S. 2 f.

98  Breuss, F. (2007): Erfahrungen mit der fünften EU-Erweiterung, S. 938

99  vgl. Breuss, F. (2007): Erfahrungen mit der fünften EU-Erweiterung, S. 938

### 5.3.2.1 Zwischenfazit

Die nach der fachwissenschaftlichen Durchdringung angefertigte Analyse über mögliche Auswirkungen eines ukrainischen EU-Beitritts hat gezeigt, dass der zukünftige Weg der Ukraine mit einer proeuropäischen Ausrichtung überwiegend positive Effekte hinsichtlich einer raschen politischen und ökonomischen Weiterentwicklung hätte; sogar unter Berücksichtigung möglicher Opportunitätskosten wie der Verschlechterung des Verhältnisses zu Russland oder auch der Auswanderung vieler junger Ukrainer in das prosperierende Ausland, könnte das Land durch einen zielgerichteten Transformationsprozess mithilfe der Europäischen Union erst dann sein Potenzial völlig ausschöpfen und sogar für Nicht-Ukrainer wieder attraktiver werden.

Da die Ausführungen hier selbstverständlich für ein hochdifferenzierte Untersuchung zu kurz greifen, wird daher auf eine konkrete Positionierung in eine bestimmte Richtung verzichtet.

## 5.4 Die öffentliche Meinung der Ukrainer zur EU

Neben der bereits in den Unterpunkten 4.2 sowie 4.3 genannten Vor- und Nachteile eines möglichen Anschlusses an die Europäische Union ist es gerade in Zeiten rasch wechselnder Stimmungen von Interesse, wie sich die ukrainische Bevölkerung unter Berücksichtigung der unterschiedlichen Landesteile zu solch einem Beitritt in der aktuellen Zeit positioniert.

Im Rahmen dieses kurzen Exkurses wurden zwei repräsentative und landesweit durchgeführte Umfragen in Betracht gezogen:

**Umfrage vom 16. – 28. August 2018**

Eine von der ukrainischen Stiftung „Demokratische Initiativen" sowie des Kiewer Instituts für Soziologie durchgeführte Befragung unter 2041 erwachsenen Personen ergab folgende Zahlen:

Sollte die Ukraine ein Mitglied der Europäischen Union werden?

|  | Ø Ukraine | Westukraine | Zentralukraine | Südukraine[100] | Ostukraine[101] |
|---|---|---|---|---|---|
| Ja | 52 % | 79 % | 58 % | n. a. | n. a. |
| Nein | 34% | n. a. | n. a. | 58 % | 57 % |
| Unentschlossen | 15 % | n. a. | n. a. | n. a. | n. a. |

Dabei sprachen sich im gesamtukrainischen Durchschnitt knapp mehrheitlich **51,5 % für** einen Beitritt zur EU aus, **33,7 % dagegen** sowie **14,8 %** waren diesbezüglich **unentschlossen.**

Gleichzeitig wurden die gegebenen Antworten zusammen mit der Region, in der die befragte Person lebt, dokumentiert. Hierbei konnten signifikante regionale Unterschiede festgestellt werden; dahingehend, dass sich die Befragten aus den westlichen Teilen des Landes sowie der Zentralukraine weitaus überzeugter <u>für</u> einen EU-Beitritt mit jeweils **79 % / 58 %** aufstellten im Gegensatz zu den östlichen & südlichen Regionen der Ukraine, in denen **58 % / 57 %** <u>gegen</u> einen möglichen Beitritt waren.[102]

**Umfrage vom 8. – 20. Februar 2019**

Erst kürzlich führte das Kiewer Internationale Institut der Soziologie eine aktuelle Umfrage unter 2042 erwachsenen Befragten aus allen Regionen des Landes (ausgenommen AR Krim & besetzte Gebiete der Donbass-Region) mit der folgenden *Sonntagsfrage* durch:

Wenn heute ein Referendum abgehalten wird, ob die Ukraine der Europäische Union beitreten soll, wie würden Sie abstimmen?

| EU-Beitritt | gesamtukrainischer Durchschnitt |
|---|---|
| Dafür | 51 % |
| Dagegen | 23 % |
| Unentschlossen | 26 % |

Bei dieser Befragung ist die Anzahl der Befragten, die einen EU-Beitritt gutheißen, im Vergleich zur letzten Umfrage mit **51 %** ungefähr gleichgeblieben, wohingegen

---

[100]  Ausgenommen die Autonome Republik Krim

[101]  Ausgenommen der besetzten Gebiete der Donezker & Luhansker Oblasten

[102]  Censor (2018)

die Nein-Stimmen von **34 % auf 23 %** gesunken und die der Unentschlossenen von **15 % auf 26 %** gestiegen sind.

Im veröffentlichten Bericht wird dabei ebenso betont, dass aufgrund der Tatsache, dass diejenigen Wahlberechtigten, die bei einem solchen Referendum unentschlossen wären, folglich auch nicht an der Wahl teilnehmen und die Ja-Stimmen dadurch relativ zur Wahlbeteiligung **auf 70 %** steigen würden.[103]

Des Weiteren stach laut den Forschern ein für die Ukraine typisches Ost-West-Gefälle hervor, bei dem sich Ukrainer aus westlichen Regionen klar pro-europäisch, im Süden des Landes ausgeglichen sowie in der Ostukraine tendenziell gegen eine Westorientierung einordneten. [104]

### 5.4.1 Zwischenfazit

Diese Umfragen sind ein weiterer Punkt für die Komplexität des bis heute andauernden innergesellschaftlichen Konflikts in der Ukraine. Durch die historischen Rahmenbedingungen und vielmehr die ethnische Heterogenität in den ukrainischen Regionen scheitert das international erst seit 1991 als unabhängig anerkannte Land eine nationale Identität mit gemeinsamen Werten und Mentalitäten aufzubauen, geschweige denn einen politischen Mehrheitskonsens. Dadurch verfällt ein nicht unbedeutender Teil des Volkes auf der Suche nach seiner Identität zur Rückbesinnung von angeblichen Helden der Ukraine sowie zum Aufkommen nationalistischer Tendenzen, hier zu erwähnen sind das Aufstellen von Denkmälern zum Andenken von Stepan Bandera sowie dessen Handlungen als Anführer der militanten Gruppierungen OUN und UPA. Diese Nostalgie zu utopischen Zeiten fördert die bereits erstarkenden antisemitischen und russophoben Strömungen unterhalb des Volkes.

### 5.5 Zusammenstellung der Ergebnisse & abschließende Thesen

Die im Rahmen dieser Bachelorarbeit angefertigte Analyse zum heutigen Stand des Transformationsprozesses in der Ukraine sowie möglicher Vor- und Nachteile eines EU-Beitritts haben deutlich gezeigt, dass dem postsozialistischen Land hinsichtlich der politischen wie auch ökonomischen Entwicklung ein weiter Weg bevorsteht. Die noch immer verschränkten Einflüsse der Oligarchen in der Politik

---

[103] Interfax (2019)

[104] Interfax (2019)

sowie die starken gesellschaftlichen und ethnischen Konflikte innerhalb des Landes zwischen nationalbewussten Ukrainern im Westen als auch denen mit Russland sympathisierenden Ukrainern im Osten und Süden stellen bis heute die Kerngründe dar, weshalb das Land bei der Restrukturierung im Vergleich zu seinen Nachbarländern, die bereits EU-Mitglieder sind, viel weiter hinten ansteht.

Hinsichtlich der Konsolidierung konnte man feststellen, dass weder die Parteienlandschaft noch das Gleichgewicht zwischen politischen sowie informellen Akteuren hergestellt werden konnte, geschweige denn von einer starken bürgerlichen Gesellschaft. Zu letzterem kann man sagen, dass die Orange Revolution als auch der Euromaidan zwar klare Ausdrücke des Missfallens unter der Bevölkerung waren, diese Bewegungen jedoch eher wenig für eine grundlegende Besserung der Verhältnisse sorgen konnten. Möglicherweise würde hierfür die EU als einflussreicher und machtvoller Akteur eine bedeutende Rolle in der demokratischen und wirtschaftlichen Konsolidierung der Ukraine spielen, da die politische Führung sich an die strengen Auflagen der europäischen Gesetzgebung halten müsste und damit ein Gegengewicht zu den etablierten Strukturen eintreten könnte. Jedoch bedarf es hier selbstverständlich einer viel breiteren Analyse über die Chancen und Risiken eines solchen Beitritts, damit sämtliche zusammenhängende Faktoren berücksichtigt werden können.

Abschließend werden die herausgearbeiteten Teilergebnisse dieser Bachelorarbeit in den folgenden <u>sieben Thesen</u> vorgestellt:

1. Die Geschichte der Ukraine findet ihren Ursprung zu großen Teilen in der russischen Meistererzählung, da beide Nationen seit Anbeginn der Kiewer Rus stets gemeinsame Schicksale zu bewältigen hatten.

2. Die Ukraine hat den politischen und ökonomischen Konsolidierungsprozess nicht überwunden und befindet sich noch immer bei der Institutionalisierung des neuen Systems.

3. Die postsozialistischen Strukturen wurden gemäß den Anforderungen des Washington-Konsenses umgebaut und erwiesen sich rückblickend als bedingt zielführend.

4. Ein Beitritt der Ukraine zur EU ist angesichts der aktuellen Entwicklungen in absehbarer Zeit nicht zu erwarten.

5. Bei einem möglichen Beitritt der Ukraine zur Europäischen Union kämen vielfältige Implikationen positiver wie auch negativer Natur zum Vorschein, die jedoch in einem viel umfassenderen und differenzierteren Rahmen behandelt werden sollten.

6. Aktuelle Umfragen innerhalb der Ukraine zum Thema EU-Beitritt haben trotz eines signifikanten Ost-West-Gefälles eine überwiegend positive Wahrnehmung unter der Bevölkerung ergeben.

Die aktuelle politische Agenda zur Stärkung des ukrainischen Nationalbewusstseins hat unter anderem zu einem Anstieg nationalistischer und gleichzeitig antisemitischer und russophober Tendenzen geführt.

# 6. Ausblick & zukunftsorientierte Prognose

Die im Zuge dieser Bachelorarbeit angefertigte historische Hinführung mit einer anschließenden Vorstellung der politikwissenschaftlichen Theorie der Systemtransformation – im deutschsprachigen Raum angeführt von Wolfgang Merkel – sowie die kritische Auseinandersetzung über die Perspektiven wie auch Herausforderungen eines möglichen EU-Beitritts der Ukraine haben dem Leser eine bescheidene Zusammenschau über die jetzige Situation in der Ukraine mit einem von vielen potenziellen Zukunftsszenarien gegeben.

Laut den aktuellen Prognosen über den Ausgang der ukrainischen Präsidentschaftswahlen stehen bereits die ersten Ergebnisse fest. Der politische Neuling Wolodymyr Selenskyj liegt mit rund 30 Prozent an der Spitze, gefolgt vom derzeitigen Amtsinhaber Petro Poroschenko mit 16,3 Prozent.[105]

Durch dieses Resultat wird immer deutlicher, dass die Ukraine für die nächsten fünf Jahre eine klare West-Orientierung mit einer langfristigen EU-Beitrittsperspektive anstreben wird; inwiefern sich jedoch die aktuelle politische Agenda sowie die im Kontext dieser wissenschaftlichen Untersuchung herausgearbeiteten Ergebnisse jedoch in der Praxis umsetzen lassen, hängt nun größtenteils von der Leistungsbereitschaft und der Durchsetzungsfähigkeit des neuen Präsidenten als Spitze der exekutiven Gewalt sowie allen voran von seinen eventuellen Verflechtungen zu mafiös-kriminellen Netzwerken ab.

Die neue Führungsklasse der Ukraine muss jedenfalls ihre Kompetenzen nun gegenüber einer viel stärkeren und mündigeren Zivilgesellschaft unter Beweis stellen als noch zu den ersten Jahren nach der Unabhängigkeit und mit Europa sowie Russland als zwei bedeutende Einflusssphären langfristig zu Verhandlungen, möglicherweise jedoch auch zu Kompromissen bereit sein, um eine langfristige Stabilität sowie eine wirtschaftliche Fortentwicklung für ihre Heimat zu garantieren, allerdings wird dies zuweilen Gegenstand zukünftiger Forschung sein.

---

[105] vgl. ZDF heute (2019): „Präsidentenwahl in der Ukraine"

# 7. Literatur- & Abbildungsverzeichnis

### Primär- / Sekundärliteratur

Czarny, Oksana (2009): Die Ukraine und die Europäische Union: Stand und Perspektiven bilateraler Beziehungen. Hamburg: Diplomica Verlag.

Franzen, Wolfgang; Haarland, Hans-Peter; Niessen, Hans-Joachim (2005): Osteuropa zwischen Euphorie, Enttäuschung und Realität: Daten zur Systemtransformation 1990-2003 für eine nachhaltige Entwicklung. In: Schriftenreihe der Forschungsstelle für Empirische Sozialökonomik, Band 8. Frankfurt/Main: Campus-Verlag.

Helmerich, Martina (2003): Die Ukraine zwischen Autokratie und Demokratie.: Institutionen und Akteure. Veröffentlichungen des Osteuropa-Institutes, Reihe: Wirtschaft und Gesellschaft Heft 25. Berlin: Duncker & Humblot Verlag

Merkel, Wolfgang (2010): Systemtransformation. Eine Einführung in die Theorie und Empirie der Transformationsforschung. 2. Auflage. Wiesbaden: Springer VS.

Meunier, Sophie & Nicolaidis, Kalypso (2017): The European Union as a Trade Power. In: Hill, Christopher et al. (2017): International Relations and the European Union. Third Edition. Oxford University Press.

Kappeler, Andreas (2015/1): Die Ukraine – ein Land zwischen West und Ost. Informationen zur politischen Bildung aktuell Nr. 28/2015. Bonn: bpb-Verlag.

Kappeler, Andreas (2015/2): Geschichte der Ukraine. 4. Auflage. Bonn: bpb-Verlag.

Redlich, Martin (2018): Die politische und wirtschaftliche Transformation der Ukraine: Vom Ende der Sowjetunion bis zum Ausbruch der Majdan-Proteste im November 2013. Dissertation vorgelegt und veröffentlicht an der Universität Rostock.

Williamson, John: "What Washington Means by Policy Reform". In: Williamson, John (1990): Latin American Readjustment: How Much has Happened, Washington: Peterson Institute for International Economics.

**Wissenschaftliche Veröffentlichungen / Artikel**

Auswärtiges Amt (k. A.): Die Östliche Partnerschaft https://www.auswaertiges-amt.de/de/aussenpolitik/europa/erweiterung-nachbarschaft/nachbarschaftspolitik/oestliche-partnerschaft-node [zuletzt aufgerufen am 24.03.2019]

Baberowski, Jörg (2015): „Das sind einfach Diebe" in: ZEIT Geschichte Nr. 3/2015. https://www.zeit.de/zeit-geschichte/2015/03/kapitalismus-sowjetunion-russland-privatisierung/ [zuletzt aufgerufen am 15.03.2019]

Breuss, Fritz (2002): Benefits and Dangers of EU Enlargement. In: Empirica Journal September 2002, Volume 29, Issue 3, S. 245-274.

Breuss, Fritz (2007): Erfahrungen mit der fünften EU-Erweiterung. In: WIFO Monatsberichte 12/2007, S. 933-950. https://fritz.breuss.wifo.ac.at/Breuss_Erfahrungen_fuenfte_EU-Erweiterung_WIFO_MB_12_2007.pdf [zuletzt aufgerufen am 28.03.2019]

Bundestag – Fachbereich Europa (2016): Voraussetzungen für den Beitritt eines Staates zur Europäischen Union https://www.bundestag.de/resource/blob/415764/8f766b965f2c959f7de53ee8f5702aa0/PE-6-013-16-pdf-data.pdf [zuletzt aufgerufen am 29.03.2019]

Egger, Hartmut (2005): Outsourcing und Offshoring – eine makroökonomische Betrachtung. In: Volkswirtschaft. Das Magazin für Wirtschaftspolitik. Ausgabe 9/2005.

Hamburger Weltwirtschaftsinstitut HWWI (2005): Produktionsverlagerungen: Gewinner und Verlierer. http://www.hwwi.org/uploads/tx_wilpubdb/HWWI_Update_06.05.pdf [zuletzt aufgerufen am 29.03.2019]

Kolarska-Bobinska, Lena (2003): The EU Accession and Strengthening of Institutions in East Central Europe: The Case of Poland. In: East European Politics and Societies, Volume 17, No. 1, S. 91-98.

Kommission der Europäischen Gemeinschaften (2004): Strategiepapier – Europäische Nachbarschaftspolitik https://eur-lex.europa.eu/legal-content/DE/TXT/PDF/?uri=CELEX:52004DC0373&from=EN [zuletzt aufgerufen am 17.03.2019]

Pleines, Heiko (2008): Die Ukraine zwischen Ost und West. Außenpolitische und kulturelle Orientierungen. Forschungsstelle Osteuropa Bremen – Arbeitspapiere und Materialien Nr. 99. https://web.archive.org/web/20121010222332/http:/www.laender-analysen.de/pages/arbeitspapiere/fsoAP99.pdf [zuletzt aufgerufen am 23.03.2019]

Shugart, Matthew Soberg (1993): "Of Presidents and Parliaments" in: East European Constitutional Review (2) 1.

Sushko, Iryna (2018): Analyse: EU-Visaliberalisierung für die Ukraine – Auswirkungen auf Reformen und Mobilität. Bonn: Bundeszentrale für politische Bildung. http://www.bpb.de/internationales/europa/ukraine/270142/analyse-eu-visaliberalisierung-fuer-die-ukraine-auswirkungen-auf-reformen-und-mobilitaet [zuletzt aufgerufen am 28.03.2019]

Williamson, John (2004): The Washington Consensus as Policy Prescription for Development. Institute for International Economics. https://piie.com/publications/papers/williamson0204.pdf [zuletzt aufgerufen am 25.03.2019]

**Online-Quellen**

Censor (2018) – Ratingagentur https://censor.net.ua/news/3088633/bolshinstvo_ukraintsev_hotyat_chtoby_strana_vstupila_v_evrosoyuz_sotsopros [zuletzt aufgerufen am 12.03.2019]

Interfax (2019) – Nachrichtenagentur https://interfax.com.ua/news/political/569067.html [zuletzt aufgerufen am 12.03.2019]

Televizijna sluzhba novyn – TSN (ukrainischsprachig) https://ru.tsn.ua/politika/ukraina-podast-zayavku-na-vstuplenie-v-es-v-2024-godu-poroshenko-1288257.html [zuletzt aufgerufen am 11.03.2019]

ZDF heute (2019): „Präsidentenwahl in der Ukraine - Zweite Runde: Komiker gegen Amtsinhaber" https://www.zdf.de/nachrichten/heute/hochrechnung-ukraine-selenski-bei-praesidentschaftswahl-vorne-100.html [zuletzt aufgerufen am 01.04.2019]

**Rezensionen**

Kollmorgen, Raj (2000): Rezension zu: Wolfgang Merkel (1999): Systemtransformation. Eine Einführung in die Theorie und Empirie der Transformationsforschung (UTB 2076). Opladen: Leske + Budrich, 572 S. http://www.raj-kollmorgen.de/_upload/documents/Rez_Merk_2000.pdf [zuletzt aufgerufen am 22.03.2019]

Zeitschrift für Vergleichende Politikwissenschaft (ZfVP), 2-2010 – Springer-Verlag (2010): Stimmen zum Buch https://www.springer.com/de/book/9783531172019#reviews [zuletzt aufgerufen am 22.03.2019]

**Abbildungen**

Ursprung, Daniel – Lehrstuhl für Osteuropäische Geschichte an der Universität Zürich https://daniel-ursprung.ch/erinnerungslandschaft_ukraine/Historische_Regionen/Historische_Regionen_Ukraine.jpg [zuletzt aufgerufen am 11.03.2019]